Johann Wolfgang von Goethe

Die Vögel

In der ursprünglichen Gestalt

Johann Wolfgang von Goethe

Die Vögel

In der ursprünglichen Gestalt

ISBN/EAN: 9783743624641

Hergestellt in Europa, USA, Kanada, Australien, Japan

Cover: Foto ©Thomas Meinert / pixelio.de

Weitere Bücher finden Sie auf **www.hansebooks.com**

Die Vögel

von

Goethe.

In der ursprünglichen Gestalt herausgegeben

von

Wilhelm Arndt.

Leipzig,
Verlag von Veit & Comp.
1886.

Ueber die Entstehungsgeschichte der Vögel sind wir verhältnißmäßig gut unterrichtet. Die früheste Erwähnung derselben findet sich in einem 1780 am 14. Juni Abends von Goethe an Frau v. Stein gerichteten Briefe (Briefe an Fr. v. Stein I.², 251 f.): „Oeser ist hier und gar gut, schon hab ich seinen Rath in vielen Sachen genützt, er weis gleich wie's zu machen ist, das Was bin ich wohl eher glücklich zu finden. Er will in Ettersburg eine Dekoration mahlen und ich soll ein Stück machen. Diese Woche habe ich noch zu thun, wenn es von Sonnabend über den Sonntag fertig werden kan, so mags gehn, ich wills der Jöchhausen diktiren, und wie ichs im Kopfe habe solls in zwölf Stunden inclusive Essen und Trincken fertig seyn. Wenns nur so geschwind gelernt und die Leute ins Leben gebracht wären, ich will die Vögel nehmen, eigentlich nur die oberste Spizzen oder den Raam abschöpfen denn es muſs kurz seyn. So kommt noch die Thorheit und macht uns neu zu schaffen. Thut nichts es bringt doch die Menschen zusammen, unterhält den Prinzen dem eine grose Rolle zugedacht ist, und bringt ihn von Tiefurt weg." Diese Angaben werden durch die Worte des Herzogs Karl August in einem am 15. Juni an Knebel geschriebenen Brief (Briefe des Herzogs Karl August an Knebel und Herder, herausgegeben von H. Düntzer, Leipzig 1883. S. 14) durchaus bestätigt. Sie lauten: „Oesern haben wir von Leipzig mitgebracht; er bleibt vierzehn Tage in Ettersburg. Er hat sich verbindlich gemacht, in dieser Zeit eine Dekoration zu malen, und Goethe soll in eben dieser Zeit ein Stück dazu verfertigen; er wirds thun und die angefangenen Aristophanischen „Vögel" dazu nehmen. Nichts wird diesem Stück vermuthlich fehlen als das Achevé und deine Person."

Leider läßt uns für diese Zeit das Tagebuch Goethe's im Stich, da er vom 26. Mai bis zum 22. Juni 1780 keine Eintragungen gemacht, dann — wahrscheinlich am 22. Juni selbst — nur zusammenfassend über das inzwischen Erlebte berichtete. So sagt er (Tagebuch, herausgegeben von Keil, S. 225): „Oeser brachte die Decorationsmalerey auf einen bessern Fuß, und ich fing an die Vögel zu schreiben." Da aber Oeser mit den herzoglichen Herrschaften zusammen am 12. Juni Mittags in Weimar eintraf, so muß bald nach seiner Ankunft — als äußerste Grenze ergibt sich aus dem oben beigebrachten Briefe der 14. Juni — zwischen ihm, dem Herzog und Goethe über das Liebhabertheater in Ettersburg und über ein neues dort aufzuführendes Stück verhandelt worden sein.

Am 30. Juni meldet Goethe der Frau von Stein unter Anderm (I², 257), daß er die Vögel immer Sonntags der Göchhausen dictirt habe. Da nur die beiden, auf den 18. und 25. Juni fallenden Sonntage allein in Betracht kommen, so muß der Dichter schon am 18. das Dictiren begonnen haben. Damit stimmt ganz gut die Meldung des Tagebuchs zum 22. Juni (S. 226): „Abends die Vögel in Ordnung gebracht." Es erhellt nämlich aus den Aufzeichnungen, die das Tagebuch zu diesem Tage enthält, daß Goethe vorher in Ettersburg gewesen, und in seinem Gartenhäuschen dann Abends rasch entworfen, was zur Vollendung der Vögel noch fehlte. So kann er (am 24. Juni) Frau von Stein mittheilen (I², 253): „Der erste Akt der Vögel ist bald fertig. Ich wollte Sie könnten an Platituden so eine Freude haben, wie ich, das Stück würde Sie herzlich zu lachen machen." Ebenso schreibt er an demselben Tage (denn dieses Datum ist nach dem Tagebuch sicher für Nr. 20. des Briefwechsels zwischen Goethe und Knebel anzusetzen) an Knebel: „Den ersten Akt der Vögel, aber ganz neu, werden wir ehstens in Ettersburg geben. Sobald er fertig ist, schick' ich eine Abschrift an Dich, er ist voller Muthwillen, Ausgelassenheit und Thorheit."

Daß am Sonntag den 25. Juni Goethe an den Vögeln weiter diktirt, bezeugt das Tagebuch und ein am 26. Juni an Frau von Stein gerichteter Brief. Ersteres meldet, wie Goethe am Vormittag nach Ettersburg sich begeben, dort Klauern, der Oesers Büste machte, vorgefunden, wie er dann diesem die Mitschuldigen vorgelesen und sie munter gewesen seien. Es fährt dann fort (S. 227): „Nach Tisch dictirte ich Jöchhausen an den Vögeln sehr lebhaft, und sprach viel dazwischen über alte Kunst." An Frau von Stein aber schreibt er: (I², S. 254): „Gestern war ich in Ettersburg und dicktirte der Jöchhausen mit dem lebhafftesten Muthwillen an unseren Vögeln, die Nachricht von Feuer in Gros Brembach jagte mich fort." Am 28. Juni kann er der Freundin melden (S. 256), daß die Vögel vorrücken. Ob er an diesem Tage, an welchem er nach Angabe des Tagebuchs (S. 228) wieder in Ettersburg war, weiter dictirt hat, muß dahin gestellt bleiben, obschon ich mich eher für das Gegentheil erklären möchte, weil Goethe unmöglich dann am Freitag den 30. Juni an Frau von Stein hätte schreiben können: „Die ich immer Sonntags der Jöchhausen dicktirt habe"; denn der 28. Juni fiel auf einen Mittwoch. Daß er übrigens am 30. Juni bereits die Scene zwischen Treufreund, Hoffegut und dem Schuhu beendet, scheint mir aus einem andern Umstand hervorzugehen. In der genannten Scene findet sich (S. 15) der Satz: „So eine Stadt, wo mich ein alter würdiger Greis in der Allee beym Lippen (d. h. Rockzipfel) kriegte." Ganz auf denselben

Ausdruck stoßen wir im Briefe an Frau von Stein vom 30. Juni, wo Goethe über Frau Herder sagt: „Ich habe beschlossen die Frau nächstens beym Lippen zu kriegen." So etwas ist bei Goethe nie zufällig!
Weiter meldet das Tagebuch zum 2. Juli (S. 228): „In Ettersburg an den Vögeln dictirt." Am 3. Juli schließt Goethe einen Brief an Merck (Briefe an J. G. Merck S. 254) mit den Worten: „Weil noch so viel Platz übrig ist, will ich Dir von unsern neusten Theater Nachrichten etwas Ausführlichers mittheilen.

In etwa 14 Tagen
wird auf dem Ettersburger Theater
vorgestellt werden:
der Vögel
eines Lustspiels nach dem Griechischen und
nicht nach dem Griechischen.
Erster Act,
welcher für sich ein angenehmes Ganze ausmachen soll. Hiernach wird ein Epilogus von M. Schröter gehalten werden, wie folgt:" Goethe theilt dann den S. 48 abgedruckten Epilog mit. Derselbe war an diesem Tage also schon vorhanden, so wie damals schon beim Dichter beschlossen, nur den ersten Akt zur Aufführung zu bringen. Daß derselbe aber noch nicht ganz vollendet, zeigen die weiter folgenden Quellenzeugnisse.

Zum Sonntag den 9. Juli fehlt allerdings ein Eintrag im Tagebuch, und spricht die höchste

Wahrscheinlichkeit doch dafür, daß an diesem Tage die Arbeit an den Vögeln nicht in gewohnter Weise fortgeführt wurde. Dagegen berichtet dasselbe Tagebuch (S. 229): "Schrieb ich Sonntag (den 16.) an den Vögeln." Am Sonnabend, den 22. Juli, begab sich Goethe Abends nach Ettersburg, blieb dort die Nacht, und schreibt am nächsten Tage von dort aus, wohl noch vor Tisch, an Frau von Stein (I², 258): "Nun sind die Steine der Frl. Thusnelda in Ordnung gebracht und es wird noch wenig diktirt werden." An diesem Tage oder bald darauf muß der erste Act definitiv beendet worden sein, denn schon am 28. Juli schreibt der Dichter an Knebel (I. Nr. 22, S. 20): "Der erste Akt meiner Vögel ist fertig und wird nächstens aufgeführt."

Während der Arbeit an dem Stück wurde auch für die Musik und die Herstellung der Kostüme Sorge getragen. Nach dem Tagebucheintrag (S. 228) den wir mit großer Wahrscheinlichkeit auf den 28. Juni setzen können, componirte der Kapellmeister Wolf den Chor zu den Vögeln. "An Masken zu den Vögeln arbeiten Schumann und Mieting" — also der Hofmaler und der berühmte Hofebenist — "mit aller Kunst," schreibt Goethe am 30. Juni an Frau von Stein (I², S. 256). Am Abend des 22. Juli haben Goethe und Einsiedel ihre Kostüme in Ettersburg anprobirt, "Gestern Abend wurde noch Scapin und Piarrot anprobirt und ich gefiel mir selbst sehr wohl, obgleich von außen Einsiedel mehr

Beyfall erhielt. Wir wollen sehn ob wir die Leute betrügen können, dafs sie glauben als säh es bei uns scapinisch aus (an Frau von Stein I², 258)." Uebrigens muß Goethe bald nach der Vollendung des Stücks an Frau von Stein eine Abschrift gegeben haben, schon am 5. August (das Datum ist allerdings fraglich, vergl. Briefe an Frau von Stein I², 260 Nr. 460) ersucht der Herzog Frau von Stein des Abends um 6 Uhr zu ihm ins Kloster zu kommen, „die Waldnern und autorem mitzubringen, und die Vögel in meine Aschen fliegen zu lassen. Sie würden ein außerordentlich schönes Gezwitscher und Gequittsche machen." Es wird doch wohl nur möglich sein diese Worte auf Goethe's Stück zu beziehen. Läßt sich nun auch nicht bestimmt bei dieser Annahme das Vorhandensein einer an Frau v. Stein gegebenen Abschrift nachweisen, so ist dies doch für den 14. August möglich, an welchem Tage Goethe an die Freundin schreibt (I², S. 261): „Ich ersuche Sie um die Vögel die ich meiner Mutter schicken will."

Am 13. August fand eine Probe statt. Goethe schreibt an demselben Tage an Knebel (I, 21 Nr. 23): „Heut werden meine Vögel probirt. Du findst sie in Frankfurt, wo Du nun doch durch mußt." Zum Zweck der Uebersendung an die Mutter erbat der Dichter also das Manuscript von der Freundin am folgenden Tage. Am 15. August theilt er Frau von Stein mit (I², S. 261): „Der Herzog wünscht die Vögel zu Ende dieser Woche, da giebts noch was zu treiben."

In einem undatirten Billet an dieselbe, (I², S. 261, Nr. 466), das jedoch wohl sicher auf den 17. August zu setzen ist, heißt es: „— — hab heute da diesen Abend Hauptprobe ist, eine Menge zu schaffen, auch um 10 noch privat Probe mit den Misels." Am Morgen des Freitag, den 18. August (das Billet I², S. 262 Nr. 467 ist undatirt, muß aber auf diesen Tag verlegt werden); meldet er: „Noch einen Abschied von dem Theaterstübchen aus. Es ist ganz gut gegangen (das bezieht sich natürlich auf die Hauptprobe) und ich denke es soll toll genug werden." Am Nachmittag erfolgte dann die Aufführung. Im Tagebuche (S. 229) steht: „d. 18. die Vögel in Ettersburg gespielt." Frau von Stein wohnte der Vorstellung nicht bei, denn Goethe sendet ihr nach dem Schluß derselben die wenigen Worte (I², S. 262, Nr. 468): „Ein Wort Gute Nacht in gröster Eile durch den Bedienten der Herzoginn die fortfährt. Die Commödie ist gut gegangen."

Die Rollen bei der Aufführung waren so vertheilt, daß Goethe im Scapincostüm den Treufreund, Einsiedel-Pierrot den Hoffegut gab. Corona Schröter sprach den Epilog (Briefe an Merck, a. S. 254), ob sie noch die hinter der Scene spielenden Gesangspartien der Nachtigall und Lerche mit übernommen hat, findet sich nirgends bestimmt angegeben, doch wird es sehr wahrscheinlich sein. Ursprünglich war auch dem Prinzen Konstantin, wie wir gesehen haben, eine große Rolle zugedacht, vermuthlich doch die des

Hoffegut; denn daß er später den Papagei oder gar den Schuhu gegeben haben sollte, wird doch kaum anzunehmen sein. Mitgewirkt müssen mehrere junge Damen haben, da Goethe zu Frau von Stein ausdrücklich von den Misels spricht. Wollen wir nun nicht annehmen, daß Nachtigall und Lerche zwei verschiedene Darstellerinnen erfordert — und wer war damals in Weimar neben Corona Schröter fähig eine Gesangsrolle zu übernehmen? — so bleibt als einzige Möglichkeit die übrig, unter den Darstellerinnen der Vögel auch einige Frauenrollen anzusetzen.

Übrigens hatte die Aufführung durchschlagenden Erfolg. Frau von Stein soll allerdings vorher über die Wirksamkeit des Stücks sich zweifelnd geäußert, aber, obschon ihr der Witz darin nicht platt genug erschienen, von der närrischen Verkleidung der Mitspielenden Effect erhofft haben. Namentlich habe ihr der gute Einfall im Epilog, welcher zu erwägen gab, daß von Athen nach Ettersburg nur mit einem Salto mortale zu gelangen sei, gefallen haben (vergl. Burkhardt, das herzogliche Liebhaber-Theater. Grenzboten 1873, Nr. 27. S. 16). Am eingehendsten hat sich Wieland an Merck am 26. August 1780 (Briefe an Merck S. 259) ausgesprochen: „Goethens Epops maximus cacaromerdicus wird Dir ohne Zweifel mehr als einen guten Augenblick gemacht haben, da Du das seltsame Ding (das bei der Vorstellung zu Etters=

burg einen gar possierlichen Effect gemacht hat) nunmehr mit Frau Aja schon gelesen haben wirst. Da Thusnelda vermuthlich umständliche Relationen über diese und dergleichen hiesige Weltbegebenheiten an Frau Aja oder Dich selbst abgehen läßt, so brauch' ich weiter nichts davon zu sagen. — Außer der mächtigen Freude, die der Herzog und die Herzogin Mutter an diesem Aristophanischen Schwank gehabt hat, ist's auch für Goethens Freunde tröstlich zu sehen, daß er, mitten unter den unzählichen Plackereien seiner Ministerschaft noch so viel gute Laune im Satz hat." Daß von Fräulein von Göchhausen oder wohl gar von der Herzogin Anna Amalia an Goethe's Mutter Bericht über die Aufführung gesandt, wird mit voller Bestimmtheit anzunehmen sein, obschon ein solcher bis jetzt noch nicht bekannt geworden; wissen wir doch, daß Frau Aja schon am 14. Juli nach Ettersburg, also an die Herzogin Mutter, geschrieben (Briefe an Frau von Stein I.², S. 472): „Auf die Weimarer Vögel bin ich außerordentlich neugierig und mich verlangt mit Schmerzen den Dialog zu hören zwischen einem Spatzen und einem Zeisgen." Diese Stelle scheint doch aber auch zu ergeben, daß damals bereits mehr als der erste Akt von Goethe an Thusnelda diktirt war, denn in ihm kommt ein solcher Dialog nicht vor.

Wenden wir uns nun zu der Entstehungsgeschichte des Stückes, so muß von vornherein bedauert werden, daß unsere Quellen uns nur überaus dürftige Aufschlüsse über Goethe's klassische Studien in diesen Jahren geben. Aus den Versen im Prometheus: „Ich kenne nichts Aermeres Unter der Sonn' als Euch, Götter! Ihr nähret kümmerlich Von Opfersteuern Und Gebetshauch Eure Majestät" eine Bekanntschaft mit den Aristophanischen Vögeln zu schließen, ist vielleicht nicht allzusehr gewagt. Da das Gedicht Prometheus bereits Anfangs 1775 vorhanden, müßten die Aristophanesstudien des Dichters schon in diese frühe Zeit zurückverlegt werden. Eine noch frühere Bekanntschaft mit Aristophanes Fröschen verräth nach Schröer's guter Bemerkung (Goethes Werke in H. Kürschner's deutscher Nat. Litt. Bd. 6, S. 385) der Anfang der im Herbst 1775 entstandenen Farce: Götter, Helden und Wieland. Das Tagebuch (S. 150. 168) hat beim Jahre 1778 zum 15. Februar die Worte: „Zu Hause früh Aristophanes studiert", zum 8. Dezember: „Aristophanes". Dies letztere muß auf den Abend angesetzt werden, denn unmittelbar darauf folgt: „Konnte mich des Schlafs nicht erwehren". Ist somit eine Beschäftigung mit Aristophanes in der ersten Weimarer Zeit festgestellt, so fragt es sich ob Goethe erst nach dem 12. Juni den Plan zu den Vögeln gefaßt und entworfen. Aus dem oben angeführten Briefe Karl Augusts an Knebel möge auf die Worte: „er (Goethe) wirds thun und die angefangenen Aristophanischen Vögel dazu nehmen" aufmerkſam gemacht werden, ebenſo auf Goethes Brief an Knebel vom 24. Juli 1780 wo es heißt: „Den erſten Akt der Vögel, aber ganz neu, werden wir ehſtens in Ettersburg geben". Es iſt klar, Goethe hatte bereits vor dem Jahre 1780 eine Bearbeitung oder Nachdichtung des Ariſtophaniſchen Stücks begonnen, und Knebel hatte davon wohl eingehendere Kenntniß. Zwar hat Goethe ihm eine Abſchrift verſprochen, ſobald das Stück fertig würde; ihm dann am 13. Auguſt geſchrieben, daß er daſſelbe in Frankfurt, wo er nun doch durch müſſe, vorfände, d. h. doch von Frau Aja zum Leſen erhalten könne. Wir wiſſen aber ſchon, daß am 13. Auguſt das Manuſkript noch nicht an die Mutter geſandt war. Ob nun Knebel daſſelbe ſpäter in Frankfurt geleſen, wird nicht berichtet. Mir ſcheint es nicht der Fall geweſen zu ſein. Im September nämlich weilte Knebel drei Tage bei Friedrich Jacobi in Pempelfort. Am 24. October ſchrieb Jacobi an Heinſe (Zoeppritz, Aus F. H. Jacobi's Nachlaß. I. 40) allerlei was Knebel ihm von Goethe mitgetheilt, erwähnt eine Vorleſung der Jphigenie, die Knebel im Manuſkript mit ſich führte, und fährt dann fort: „Gegenwärtig hat er (Goethe) eine Ariſtophaniſche Comödie, die Vögel betittelt, in der Mache, worin Klopſtock als Uhu, und der junge Cramer als Ente die vornehmſten Rollen ſpielen. Was mir Knebel davon hinterbracht hat, iſt meiſterhaft geſtellt." Ich will nicht betonen, daß die

Worte: „Gegenwärtig hat er — in der Mache", den Schluß erlauben, daß Knebel, trotzdem er von der Vollendung des ersten Aktes brieflich unterrichtet war, kaum das Stück gelesen. Daß er es nicht gelesen, beweist, scheint mir, die Angabe daß Cramer als Ente eine Rolle darin spiele. Hätte Knebel wirklich das Manuskript in Frankfurt gelesen so hätte er wissen müssen, daß nicht die Ente, wohl aber der Papagei darin vorkommt. Eine Verwechselung von Seiten Knebels ist völlig ausgeschlossen, weil Goethe wirklich kurze Zeit nach Abfassung der Vögel in dem ersten Entwurf des Bildes zum Neuesten aus Plundersweilen, wie wir jetzt aus Schölls dankenswerthem und feinsinnigen Aufsatz: Sendbrief an Doktor Hirzel in Leipzig (A. Schöll, Goethe in Hauptzügen seines Lebens und Wirkens S. 533 ffgll.) wissen, Cramer als Ente Klopstocks Excremente begierig erhaschend, darstellen ließ. Knebel kannte also den ursprünglichen Plan, nicht aber den ganz neu umgearbeiteten ersten Akt der Vögel. Übrigens darf man auch vermuthen, daß dem Schuhu und der Ente-Papagei ein weit größerer Raum im Verlauf des Stücks zugedacht war, jetzt bildet ihr Auftreten nur eine Episode, ein Abschluß ist wie dem Ganzen so auch hier nicht der Einzelerscheinung zu Theil geworden.

Leicht läßt sich nach dem Vorhergegangenen auch die Frage beantworten, was Goethe in dem

Stück gewollt hat, mit anderen Worten, was die Moral von dem Stück sei. Bei Aristophanes der wunderbare, großartige politische Hintergrund! Was konnte das kleine Weimar, das im europäischen Concert damals so gar keine Rolle spielte, dagegen setzen? Nichts und doch sehr viel! Denn es war schon damals eins von den großen Literaturcentren Deutschlands geworden. Wieland der erste, der dorthin berufen; Goethe, Herder folgten zu dauerndem Aufenthalt. Fritz Stolberg schien einmal gewonnen, um bald und zwar definitiv verloren zu werden. Lenz, Klinger hatten sich uneingeladen eingestellt. Allen jungen Genies in Deutschland mochte damals Weimar als die Stadt erscheinen, die, wie es in unserm Stücke heißt, war, „so eine weiche, wohlgepolsterte — so eine wo's einem immer wohl wäre." Das Idealbild von einem Staate der geistigen Welt, einer Gelehrtenrepublik, wie Klopstock es aufgestellt, mochte den Zeitgenossen in dem damaligen Weimar verkörpert entgegentreten. Daß man hier ernste Arbeit und strengste Pflichterfüllung fordere, daß Goethe selbst in ihr ganz aufgegangen, wußten die Wenigsten in Deutschland. Was der nie ruhende Klatsch von dem Weimarer Genietreiben zu erzählen wußte, ließ den Herzog und seine Genossen ganz in Jugendübermuth aufgegangen erscheinen. Daß ein Rückschlag eingetreten, wußten im Jahre 1780 wohl nur Wenige! Die Betheiligten aber haben sich selbst Rechenschaft gegeben, und Goethe namentlich ist oft und ernst mit sich zu Rathe gegangen über das, was er zu Stande gebracht, worin er zugenommen, wo und an welchen Ecken es ihm noch fehle. Können wir jedes Werk des Dichters als poetische Beichte seines Lebens fassen, so haben wir auch bei den Vögeln das Recht, diesen Maßstab anzulegen. Freilich wird die Antwort keine abschließende sein, denn der Schwank blieb unvollendet. Wie das Wolkenkukuksheim der deutschen Literatur gebaut, wie es eingerichtet und verwaltet werden sollte, hat Goethe uns nicht verrathen. Fühlte der Dichter schon damals, wie er erst von Italien aus gesteht, daß er zum Vogel verdorben sei?

Deutlicher als in der unten mitgetheilten ersten Fassung der Vögel, tritt uns in der Überarbeitung, die für die erste Gesammtausgabe unternommen wurde, das Handwerk der beiden Biedermänner, Treufreund und Hoffegut, entgegen. „Sind Sie ein Schriftsteller?" fragt dort der Schuhu. „Ei wohl!" antwortet Treufreund. Und auch Hoffegut beeilt sich auf die Anfrage des Schuhu, zu entgegnen: „Freilich! wie alle meine Landsleute." In der ersten Gestalt sind es mehr zwei junge Genies, die genießen, aber nicht arbeiten wollen. Das junge Genie aber schüttelte damals doch auch unsterbliche Werke aus dem Ärmel, es war und mußte Schriftsteller sein. Die Mitwelt aber sollte sich verpflichtet fühlen in huldigender Anerkennung ihm

Tribut, womöglich reichen und klingenden, entgegen-
zubringen. Mit den alltäglichen, gemeinen Sorgen
des Lebens durften sich solche erhabenen Seelen
nicht einlassen. So stark die Opposition auch war,
die Klopstock in den damaligen Jahren dem Wei=
marer Treiben machte, war er doch derjenige, der
von seinem ersten Auftreten an am Energischsten die
Forderung erhoben hatte, daß das Genie berechtigt,
ja verpflichtet sei, seine eigenen Wege zu gehen; war
er derjenige für den seine Freunde sich emsig nach
einer Stelle mit möglichst hohem Einkommen und
möglichst geringer Arbeit umgesehen hatten; er derjenige, der für seine Jünger oft genug in ähnlicher
Weise gesorgt. Seine Gelehrtenrepublik sollte seine
geistige Regierungsfähigkeit dokumentiren, seinen
Jüngern im erträumten Idealstaat schöne Stellen
verschaffen. Sie war das „Wolkenkukuksheim" des
Messiassängers. Als das wunderliche Buch erschien,
hat der junge Goethe nicht gezögert seinen Beifall
kundzugeben, um freilich bald darauf ernüchtert zu
werden. Nun war im Jahre 1777 jenes Buch des
jungen Cramer, „Klopstock, in Fragmenten aus
Briefen von Tellow an Elisa" erschienen, das den
Klopstock-Kultus in jedem Worte predigte, das neben
Klopstock nichts in der ganzen deutschen Literatur
gelten ließ. Im Jahre 1780 förderte der Büchermarkt
ein neues Machwerk Cramers hervor, „Klopstock.
Er und über ihn.", dessen erster Theil wohl schon
auf der Ostermesse ausgegeben oder dessen Erscheinen

im Sommer 1780 wenigstens als demnächst bevorstehend bekannt sein mußte. Goethe mußte sich zur Abwehr angeregt fühlen! Eine gewisse Empfindlichkeit von Seiten Goethes mag mitgewirkt haben. Wir wissen wie Klopstock sich für berufen hielt der Sittenwächter in der deutschen Litteratur zu sein, wie er in sehr philisterhafter Weise auf bloßes Geklätsch, das zu ihm gedrungen, Goethe im Jahre 1776 den Standpunkt klar zu machen suchte, dieser aber in bestimmter tactvoller Weise die „Anmahnungen" Klopstocks einfach zurückwies. Der Bruch war damit vollzogen. Klopstock hat seit jener Zeit gegrollt und ist in seiner Gereiztheit nicht vor hämischen Verläumdungen und Verkleinerungen Goethes zurückgeschreckt. Schon damals hat er, doch in dem Bewußtsein Goethe in Mißcredit zu bringen, den geführten kurzen Briefwechsel in zahlreichen Abschriften im Kreise seiner Anhänger über ganz Deutschland verbreitet. Wohl mochte man ihn damals dem Schuhu vergleichen, der vom hellen Licht des Tages geblendet, den fröhlichen, unbekümmerten Vögeln, die da sangen wie ihnen der Schnabel gewachsen war, ohne Weiteres, falls sie in seine Fänge gerathen, den Kopf abdrehte und sie verspeiste; wohl konnte man auch von Klopstock sagen, daß er Korrespondenz mit allen Malkontenten in der ganzen Welt habe und von ihnen, den Unzufriedenen die geheimsten Nachrichten, Papiere und

Dokumente erhalte. Und doch will nicht der Schuhu, wie er jetzt in dem Stücke auftritt, ganz dem, wenn auch karikirten, Bilde Klopstocks entsprechen. Er ist jetzt die Verkörperung des gewerbmäßigen Kritikers, der die Bücher nur nach dem Geruche rezensirt, ohne sie gelesen zu haben, der seine Kenntnisse aus den großen Krambuden der Litteratur, den großen Lexicis — es ist an das voluminöse Werk von Zedler zu denken — schöpft, der mit seinem Blasrohr heimtückisch den Leuten, die er sonst nicht erreichen kann, wenigstens Lehmkügelchen in die Perrücken schießt. Das Alles paßt doch nicht ganz auf Klopstock! Goethe muß also bei der Neubearbeitung des Stückes seine alte Absicht unter dem Schuhu Klopstock und nur diesen darzustellen aufgegeben, oder vielmehr den ganzen Plan erweitert haben. Schon der junge Goethe hatte einen grimmigen Haß auf das gewerbsmäßige Rezensententhum geworfen, ihm in seinen Gedichten bisweilen kräftigen Ausdruck geliehen. Die Erfahrungen nach dem Erscheinen des Werther, die philisterhafte Opposition, die sich gegen denselben erhoben und breitgemacht und die selbst im Jahre 1780 noch nicht zur Ruhe gekommen, sind gewiß nicht dazu angelegt gewesen Goethe milder zu stimmen. Er dachte über das lesende Publikum manchmal recht geringschätzig. Er wußte genau wie urtheilslos dasselbe war und bleibt. So konnte bei ihm wohl der Gedanke auftauchen seine satirische Geißel gegen dieses

Publikum, gegen die handwerksmäßige Mache in der Litteratur und Kritik zu schwingen; sie zu schwingen auch gegen des Cliquenwesen in der Litteratur, das sich namentlich unter Klopstocks Schutz bereit machte. Aber auch die Schriftsteller mußten gegeißelt werden, die zäh' am Alten haltend noch immer auf den Lorbeern, die sie einst gepflückt, ausruhten und jetzt ihr Wehegeschrei ausriefen über die Jugend, die nichts mehr von ihnen wissen wollte. Noch im Jahre 1779 war Goethe auf der Schweizerreise mit Bodmer zusammengekommen, pietätsvoll war er dem alten, wunderlichen Herrn gegenüber getreten, der ihm doch schon wie eine gut konservirte Mumie, die nur Interesse für die Vergangenheit erweckt, erscheinen mußte. Als dann im Jahre 1780 Wielands Oberon erschienen, Lavater wohl berichtet hatte, wie Bodmer sich durchaus nicht mit ihm zurecht finden könne, schrieb Goethe am 5. Juli 1780, also mitten in der Arbeit an den Vögeln, dem Züricher Freunde (Goethes Briefe an Lavater S. 89): „Daß der alte Bodmer, der einen großen Theil des zurückgelegten achtzehnten Jahrhunderts durchgedichtet hat, ohne Dichter zu sein, über eine solche Erscheinung wie der Schuhu über eine Fackel sich entsetzt, will ich wohl glauben. Der arme Alte, der sich bei seinem ewigen Geschreibe nicht Einmal durch den Beifall des Publici hat anerkannt gesehen, was doch weit geringeren als ihm passirt ist, muß freilich bei allen solchen Produktionen einen unüber-

windlichen Ekel empfinden." — Alle solche Erschei=
nungen konnten in den Vögeln berührt werden.
Und so glaube ich, daß es ursprünglich gewiß in
der Absicht des Dichters lag, Klopstock im Schuhu
abzukonterfeien, daß aber mit der Neuaufnahme
der Dichtung der lichtscheue Vogel mehr und mehr
der persönlichen Beziehungen entkleidet wurde, um
dann ein bestimmtes Genus in der deutschen Litte=
ratur, den „professionellen Rezensenten" darzustellen.
Übrigens sei hier bemerkt, daß schon Julian Schmidt
(Goetheana. Im neuen Reich. 1880. Nr. 24. S. 959.)
die letzterwähnte Ansicht von dem Wesen des
Schuhu ausgesprochen und begründet hat. Man
kann also wohl nur sagen, daß zu dem Schuhu, der
litterarische und politische Kritik treibt, Klopstock,
Bodmer, Nicolai und Schlözer einzelne Züge ge=
liefert. Dürfen wir also den Schuhu nicht ganz
aus Klopstock heraus erklären, so auch nicht den
Papagei aus Cramer. Die Ente des ersten Ent=
wurfs sollte gewiß das Bild dieses Klopstockjüngers
voll und ganz sein. In dem jetzt vorliegenden
Stück nennt sich der Papagei selbst „den Leser".
Vieles was er von sich ausplaudert paßt auf Cramer,
der freiwillige Dienst in den er Klopstock gegen=
über getreten, das Zurückdrängen seines eigenen
Urtheils bis zum gänzlichen Verschwinden desselben,
die Unselbständigkeit des Denkens, das Auswen=
diglernen, das Nachplappern des Gehörten. Auch
mit Cramer bestand alte Feindschaft; hatte er es

doch am 11. October 1776 an Goethe zu schreiben gewagt (Im neuen Reich 1874, II. 558): „Uebermüthiger aller Uebermüthigsten! wir kennen die ganze Correspondenz. Klopstock's erster Brief an Sie war edel, freundschaftlich, offen, war Alles — war Klopstocks würdig, aber nicht Ihrer! Ihr Brief! . . . es ist schwer einen Nahmen dazu zu finden! Klopstocks Antwort, sehr gerechte Bezeugnung gerechten Unwillens. So wird jeder davon urtheilen, der Menschensinn hat. Das nennen Sie unerhörte Impertinenz!! Klopstock wandte sich um als Ihrer gelesen war und sagte so gelassen und kalt wie möglich: Ikt verachte ich Goethen!" Man wird wohl zugeben müssen, daß der eifrige Klopstockjünger hier bis über die Grenze des Erlaubten herübergegangen, daß er vielleicht nur die einzige Entschuldigung hatte, sich zum Organ des ganzen Klopstockschen Kreises machen zu lassen, denn auch hier plappert er doch nur gedankenlos nach, was dort ihm vorgesagt war. Und doch wieder eine ganze Reihe von Zügen, die auf Cramer nicht passen. Also auch hier eine Verallgemeinerung, ein Schildernwollen einer ganzen Menschengattung durch einen einzelnen Vogel. Der Papagei ist der Famulus des Schuhu. Auf diesen seinem Meister schwört er.

Die Vögel sind das Publikum. Das geht am deutlichsten aus jenem im Beginn der italiänischen Reise geschriebenen Brief an Karl August hervor, der datumlos, den Aufenthaltsort noch verschweigend, wohl auf den 18. September 1786 anzusetzen ist, und wo Goethe über seine Arbeiten an der Jphigenie berichtend, schreibt (Werke, Hempel 24, S. 641): „Alsdann gehts an die „Zueignung", und ich weiß selbst noch nicht, was ich denen Avibus sagen werde."

Goethe hat dem Treufreund, den er ja selber spielte, einige kleine Züge eigenen Wesens mitgegeben; das Botanisiren, das Entzücken über die alten Steine erregte als Kennzeichen des Dichters bei den verständnißvollen Zuschauern in Ettersburg gewiß große Heiterkeit. Und allzulange war es auch noch nicht her, daß er einem guten Theil der hochgeborenen Gesellschaft als ein das Glück suchender Litterat erschienen sein mochte. Wählte er nun bei der Darstellung die Maske des Scapin für Treufreund, gesteht er geradezu der Frau von Stein: „Wir wollen sehn ob wir die Leute betrügen können daß sie glauben als säh es bei uns scapinisch aus"; so muß noch eine geheime, ich möchte sagen tiefere Absicht, die der Dichter mit seinem Stück gehabt, anzunehmen sein. Goethe wußte selbst ganz genau, daß es in Weimar nicht mehr scapinisch aussähe, ja er hat in seinem ganzen amtlichen Leben niemals den strengen Ernst der Pflichterfüllung verläugnet. Scapin ist der Diener, der immer gewandt, stets listig und verschlagen, unerschöpflich in der Wahl seiner Mittel, durch ein augenblickliches Mißlingen seiner Pläne niemals muthlos gemacht, die Intriguen löst und das Stück zum guten Ende führt. Scapin ist der Schelm, der nur in einer Gesellschaft bestehen kann, die lebensmuthig genug ist auch der Thorheit, wenigstens zeitweise, zu huldigen. In den ersten Jahren seines weimarer Aufenthaltes, konnte manches von dem was er gethan, als fourberie de Scapin gelten. Damit war es seit der im Jahre 1779 unternommenen Schweizerreise, die gewissermaßen die Lehrjahre des Herzogs Karl August abschliessen sollte, vorbei. Flache Geister können wohl noch einmal vom Augenblick betrogen werden, ihnen mag scapinisch erscheinen, was den Andern tiefer Ernst ist. Und wie Aristophanes die Gegenwart ironisirt, so auch Molière. Von diesen zwei großen Lehrmeistern hat auch unser Dichter gelernt, die Gebrechen der Menschheit zu malen in den Personen, die er vorführt; Athen träumt von dem politischen Wolkenkukusheim, Weimar, und mehr als Weimar Deutschland, von der litterarischen Wolkenstadt. Viele von den Zuschauern mögen diesen liebenswürdigen Wahn gehabt haben, Scapin-Goethe baut das Luftschloß, um zuletzt zu zeigen, wie es nur ein Gebilde aus Dunst und Nebel geformt sein könne. Wäre das Stück vollendet worden, kein Zweifel, daß es sich zu einem Strafgericht über die deutsche Litteratur und deren Träger entwickelt, wie es später mit Schiller gemeinsam in den Xenien erging.

Und noch eins. Goethe wagte in den Vögeln

nicht bloß eine Nachbildung des Aristophanes. Es war von Athen nach Ettersburg wirklich nur mit einem Salto mortale zu gelangen. Es galt für ihn auch die Neubelebung der italiänisch-französischen Komoedie zu unternehmen. „Ein Lustspiel nach dem Griechischen und nicht nach dem Griechischen" nennt er die Vögel in seinem Briefe an Merck. Das griechische Stück gab also, trotz des oft starken Anschlusses Goethes an dasselbe, nur den Rahmen. Daß es die Belebung auch der italiänisch-französischen Komoedie galt, zeigt der Umstand, daß neben dem Scapin-Treufreund, der Hoffegut im Kostüm des Pierrot erschien, der geschwätzig und träge, thöricht und leichtgläubig, etwas feige und doch bramarbasirend die glückliche Ergänzung zu dem durchtriebenen Scapin bildet.

Es fragt sich weiter, ob Goethe die Absicht gehabt hat, das angefangene Stück später zu vollenden. Was aus einem Briefe der Frau Rath an Anna Amalia für eine, wenigstens theilweise vorhanden gewesene oder doch geplante Fortsetzung spricht, ist schon oben beigebracht. In dem Briefe an Prinz August von Gotha, mit welchem Goethe am 2. April 1781 die Handschrift der Vögel, aus der unsere Ausgabe geflossen, übersendet, sagt er, (Grenzboten 1880, Nr. 35): „Es ist freylich nur der erste Act, und die übrigen sind noch in Petto, vielleicht lockt die nächste Jahrszeit des Gefieders, auch diese merckwürdigen Geschichten hervor." Allein

dazu kam es nicht, obschon dem Dichter die Auf-
forderung dazu namentlich an seinem 1786 in Karlsbad verlebten Geburtstag recht nahe gelegt wurde.
Er berichtet darüber in der Italiänischen Reise
(Werke 24, S. 15) folgendes: „Die Feier meines
Geburtstages bestand hauptsächlich darin, daß ich
mehrere Gedichte erhielt im Namen meiner unternommenen, aber vernachläſſigten Arbeiten, worin
sich jedes nach seiner Art über mein Verfahren be-
klagte. Darunter zeichnete sich ein Gedicht im Namen
der Vögel aus, wo eine an Treufreund gesendete
Deputation dieser muntern Geschöpfe inständig bat,
er möchte doch das ihnen zugesagte Reich nunmehr
auch gründen und einrichten." Goethe hatte aber
auch an dem unvollendeten Schwank stets seine
herzliche Freude und las ihn gerne vor, so schon
1784 dem ihn in Weimar besuchenden Friedrich
Leopold Stolberg (Herbst, Voß II, 1, S. 29), der ihn
sehr launig und schön fand; so in Karlsbad am
21. August 1786 Abends (Briefe an Frau von Stein
II², S. 336), wo er „unsägliches Glück" machte.
Bekannt ist aus der italiänischen Reise jenes lustige
Erlebniß im Hofe des ruinenhaften Schlosses von
Malcasina, wie denn gerade auf jener Fahrt der
Dichter noch öfters der Vögel gedenkt und sich mit
Treufreund vergleicht (Werke 24, S. 25. 36. 45 fgl.
239. 303.) Großen Beifall hatte das Stück auch
in dem Weimarer Kreise gefunden. Das Zeug-
niß Wielands ist schon oben beigebracht. Ein an-

deres mag hier noch seine Stelle finden. In der am 28. August 1781 auf dem Tiefurter Wald-Theater als Schattenspiel aufgeführten Tragi-Komödie „Minervens Geburt, Leben und Thaten" wurde die Peitsche des Momus, auf deren Riemen Aves zu lesen war, zu den anderen Weihgeschenken, die Göthe verherrlichen sollten, am Schlusse hinzugefügt (vgl. Fielitz in den Noten zu den Briefen an Frau v. Stein, I², S. 499).

Goethe hatte 1786 nach Karlsbad seine sämmtlichen Schriften, die ungedruckten in den sauberen Abschriften des Kanzleisekretärs Vogel, der ihn auch in's Bad begleitete, mitgenommen, um sie für die im Verlage von Goeschen erscheinenden Gesammtausgabe seiner Werke noch einmal durchzusehen oder fertig zu stellen. Von Karlsbad beabsichtigte er auch mit dem nach Weimar zurückreisenden Vogel die Manuskripte der vier ersten Bände seiner Schriften an Philipp Seidel, seinen treuergebenen Diener zu senden (Briefe an Ph. Seidel. Im neuen Reich 1871, I. 334). Daß der dritte Band, wenigstens die Iphigenie, die in demselben Aufnahme finden sollte, nicht dabei war, wissen wir jetzt genau. Sicher aber wird das Manuskript zum vierten Band, der Stella, den Triumph der Empfindsamkeit und die Vögel enthalten sollte, schon von Karlsbad aus durch Vogel nach Weimar mitgebracht und an Seidel ausgeliefert sein. Bereits am 5. Januar 1787 schreibt Seidel an Goeschen, daß der vierte Band bereit liege. Am 18. Januar sendet er ihn ab (vgl. Düntzer's Anmerkungen zur Ital. Reise. Werke 24, S. 735. Die Briefe Seidels, in der Hirzelschen Goethebibliothek zu Leipzig aufbewahrt, haben mir im Original vorgelegen). Am 20. Januar empfing Goeschen das Paket (Brief Goeschens an Bertuch. Goethe-Jahrbuch II 401), am 20. Juni ist der Druck bis zu den Vögeln vorgeschritten (ebenda S. 403). Am 9. August schreibt bereits Ph. Seidel an Goeschen, daß er vor einigen Tagen zwölf Exemplare der ersten vier Bände erhalten habe. Vor der Drucklegung hat Goethe auch die Vögel einer Überarbeitung unterzogen, vorüber die unten von S. 49 an mitgetheilten Lesarten genauere Auskunft geben. Er hat mit vollem Recht die eine, etwas anstößige, Scene, in welcher Treufreund und Hoffegut dem Schuhu ihre gewünschte Idealstadt schildern, herausgeworfen und sie durch eine andere, weit zahmere ersetzt. Er hat auch hie und da das Scenarium vervollständigt und Zusätze hinzugefügt. Diese Umarbeitung erfolgte jedenfalls im Laufe des Jahres 1786. Am 25. Januar 1786 nämlich hatte Goethe an Frau von Stein geschrieben, (II², 308): „Hast du etwa meinen Egmont, die Vögel oder sonst etwas von meinen dramatischen Schrifften? Die benandten Sachen fehlen mir und noch mehr." Ob Goethe diese Stücke zum Vorlesen in Gotha, wohin er am 24. Januar ging, oder zur Durchsicht für die wohl schon damals geplante Ausgabe bestimmt hatte, geht nicht aus den angeführten Worten hervor, dagegen sicher, daß er sich zu eben der Zeit nicht im Besitz eines Manuskriptes der Vögel befand, die Umarbeitung also auch nicht früher vornehmen konnte. Da das Tagebuch Goethes für 1786 noch nicht veröffentlicht, auch die im Jahre 1786 geschriebenen Briefe keinen weiteren Aufschluß geben, so wird sich nicht auf den Tag bestimmen lassen, wann die Umarbeitung der Vögel vorgenommen. Sicher war sie vollendet, als Vogel nach Weimar im September 1786 das Manuskript mitnahm, höchster Wahrscheinlichkeit nach bereits vor der Abreise von Weimar nach Karlsbad, also vor dem 24. Juli 1786. Möglich ist es aber immerhin, daß die Umarbeitung nicht auf einmal entstanden. Ich glaube für diese Annahme einen gewissen Anhalt gefunden zu haben. Betrachtet man nämlich den S. 51—55 mitgetheilten Text genau, so sieht man, wie die beiden Biedermänner Treufreund und Hoffegut, sich wahrhaft ereifern dem Schuhu die Stadt, die sie sich wünschen, nach allen Seiten hin auch genau auszumalen, dieser in der hastigen Wechselrede der Beiden, nur Zeit zu kurzen einsilbigen Interjectionen findet. Mit einemmal wird die Auseinandersetzung der Beiden durch die Frage des Schuhu: „Sind Sie ein Schriftsteller?" unterbrochen, um erst wieder mit den Worten Hoffeguts: „So eine Stadt wo Ehemänner" u. s. w. in Fluß zu kommen. Ich halte also die

Worte (S. 52, Z. 11—28): „Sind Sie ein Schriftsteller?" bis „das geht mich nichts an" für einen späteren Einschub.

Übrigens ist der erste Druck, wie ich schon im Goethe-Jahrbuch II, 225 hervorgehoben, in so fern ein mangelhafter, als ihm die Worte S. 45 Z. 8—15 fehlen; sei es daß der Setzer hier durch Homoeoteleuton verführt die Auslassung herbeiführte, sei es daß, wie mir jetzt wahrscheinlicher ist, die zum Druck gegebene Abschrift in diesem Punkte gesündigt hat. Da nun aber diese Auslassung in allen Ausgaben wiederkehrt, so erhellt, daß für die späteren Drucke niemals das Manuskript zu Rathe gezogen ist.

Eine genaue Vergleichung unseres genau nach der Gothaer Handschrift hergestellten Druckes mit der ersten Ausgabe ergibt, daß diese, natürlich abgesehen von den durch die Umarbeitung veränderten Stellen, sich ungemein genau, auch in Bezug auf die Interpunction, an die Handschrift angeschlossen hat. Die eigenthümliche Orthographie der Handschrift ist allerdings im Druck, wie es recht und billig war, meist verlassen.

Die Separatausgabe, die im Jahre 1787 ebenfalls bei Goeschen erschien, ist wie die Druckfehler beweisen, von dem stehengebliebenen Satz gemacht worden. Neu gesetzt dagegen wurde das Stück für den zweiten Band der geringeren Goeschen'schen Ausgabe, der gleichfalls die Jahrszahl 1787 trägt. Goethe wußte bekanntlich nichts von ihr, und hat also das Stück nicht noch vorher einer Durchsicht unterzogen. Wir wissen wie diese Ausgabe, liederlich veranstaltet und rasch zusammengedruckt, den Text von Goethes Werken später beeinflußt hat. Dafür daß sie später zur Druckvorlage benutzt, kann ich jetzt auch aus den Briefen Goethes an Cotta einen Beleg beibringen, aus dem Schreiben nämlich vom 26. October 1806, wo es heißt: „da man die vier Goeschen'schen Bände nicht zerreißen wollte, so folgen auch schon durchgesehen für die dritte Lieferung: Triumph der Empfindsamkeit, die Vögel, Werther." Auch für die weiteren Drucke der Vögel diente sie, unmittelbar oder mittelbar als Vorlage. Aus den unten mitgetheilten Varianten ergibt sich folgender Stammbaum der Drucke:

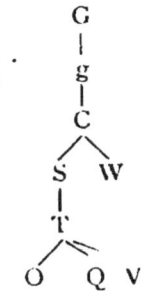

Daß Goethe für die erste Cottasche Ausgabe (C) das bereits Gedruckte durchgesehen, ergibt sich aus der oben mitgetheilten Briefstelle, läßt sich aber auch, was speziell die Vögel betrifft aus den im Anhang mitgetheilten Varianten erkennen. Für die zweite Cottasche Ausgabe (S) hat Goethe bereits

im Winter 1813 auf 1814 vorgeſorgt (Brief an
Cotta vom 7. Februar 1814, ungedruckt), auch die
Vögel haben hier und da kleine, wenn auch meiſt nur
orthographiſche Beſſerung erfahren. Die Wiener
Ausgabe (W) iſt dagegen ſicher, ohne daß Goethe
ſelbſt Hand an ſie gelegt, gedruckt worden, ſie ent-
ſtammt C, iſt aber in manchen orthographiſchen
Eigenthümlichkeiten ſehr eng mit g verwandt, ſo
daß ich doch geneigt bin anzunehmen, daß g dafür
verglichen. Von wem aber? Für die Ausgabe letzter Hand, ſowohl die Taſchen- als die Octavausgabe (T und O), erfreute ſich Goethe bekanntlich
neben Riemer und Eckermanns Mitarbeit auch der
Göttlings, dem letzteren wage ich unbedenklich die
in O alleinſtehende Änderung (S. 56): „Und in der
Urwelt Schoos, voll" u. ſ. w. beizulegen. Die
Quartausgabe (Q) ſowohl als die Ausgabe in 40
Bänden (V) iſt von Riemer und Eckermann gemein-
ſam beſorgt. Eine Handſchrift iſt, ich betone es
nochmals, für alle Ausgaben von g an, nicht für
die Textverbeſſerung herangezogen worden.

In dem unten, S. 1—47, vorliegenden Druck
iſt die Handſchrift der Herzoglichen Bibliothek zu
Gotha, Chart. B. 1304, die mir durch die liebenswürdige Zuvorkommenheit des Herrn Bibliothekar
Dr. Georges wiederholt zugänglich war, auf das
Genaueſte wiedergegeben. Die Handſchrift iſt noch
in dem Originaleinband erhalten, ein Pappband
von gelber Steinfarbe, der mit ſchmalen eingepreßten

Goldstreifen ausgeziert wurde. Das Papier der Handschrift ist das derbe schöne Büttenpapier des vorigen Jahrhunderts. Die Schrift (die jedenfalls nicht die Philipp Seidels ist, sondern wie ich glaube annehmen zu dürfen, die des Kanzleisekretärs Vogel) ungemein sauber und zierlich. Auf Blatt 4 steht der Titel in Fractur. Die Rückseite dieses Blattes blieb leer; ein Personenverzeichniß, das hier am besten Platz gefunden hätte, fehlt. Auf Blatt 5 beginnt der Text, er geht bis zum Schlusse des Blattes 51. Der Name der agirenden Person steht stets in der Mitte einer besonderen Zeile, die von derselben zu sprechenden Worte beginnen regelmäßig eine neue Zeile. Die scenischen Bemerkungen sind den Personennamen in Klammern beigefügt, reicht die Zeile dazu nicht aus, so wird in einer neuen damit fortgefahren, aber regelmäßig nur die rechte Hälfte dieser neuen Zeile dazu benutzt. Die mit Bleifeder vollzogene Foliirung der Handschrift stammt erst aus unserem Jahrzehnt. Goethe hat die Handschrift genau durchgesehen und einzelne Änderungen vorgenommen. Ich habe den Text so abdrucken lassen, wie ihn Goethe als damals endgültigen angesehen wissen wollte, und die ursprüngliche Lesart in die Anmerkungen verwiesen. Was Goethe gebessert, ist in denselben genau angegeben. Der Text des Epilogs ist nach den Varianten in den von Wagner 1835 herausgegebenen Briefen an Merck S. 254 N. gegeben. Der Epilog selbst fehlt in der Handschrift. Fraglich konnte es sein, wie weit ich in der Mittheilung von Varianten der Drucke zu gehen hatte. Ich schloß einmal alle seit der sogenannten vollständigen Ausgabe von 1840 erschienenen Drucke aus. Weiter aber entstand die schwer zu entscheidende Frage, wie weit die Abweichungen der benutzten Drucke zu geben waren. Ich habe die Mühe nicht gescheut, mir alle und auch die leisesten Abweichungen in Bezug auf Orthographie und Interpunction auszuschreiben. Aber ich konnte mich doch nicht dazu entschliessen diesen ganzen Wust von Abweichungen mitzutheilen. Ich habe somit fast alles was Orthographie und Interpunktion betrifft ausgeschieden, obschon ich nicht verkenne vielleicht in Bezug auf die Weglassung von Orthographischem etwas sehr weit gegangen zu sein. Aber ich fragte mich doch, ob Formen neuerer Schreibung wie „betriegrischen" statt „betrügrischen", oder „Kukuk" statt „Guckguck" u. a. m. wirklich den Werth haben, daß sie aufbehalten werden müssen. Für die Geschichte unserer Rechtschreibung mögen sie in Betracht kommen, vielleicht auch einmal in eine kritische Ausgabe der Goetheschen Werke Aufnahme finden, für meine Zwecke schienen sie bedeutunglos. Ich hätte, da das Stück nach der ersten Ausgabe eigentlich keine durchgreifende Aenderungen erfahren, mich auch mit der Vergleichung der Handschrift mit dem ersten Druck begnügen können, aber es ist in der neuesten Zeit hergebracht, den Goethe=

schen Text durch die sogenannten canonischen Ausgaben hindurch zu verfolgen, und so habe auch ich
mich dieser Aufgabe nicht entziehen wollen. Ist nun
allerdings durch die Arbeiten der Goetheforscher
constatirt, daß der Text vieler Goethe'schen Werke in
den Cotta'schen Ausgaben ein progressiv schlechterer
geworden, so werden wir dies doch nicht von den
Vögeln behaupten können. Hier haben sich so gut
wie gar keine Verderbnisse im Laufe der Jahre ein-
geschlichen. Ich bemerke übrigens noch, daß ich die
spärlichen Druckfehler der Ausgaben mit ganz geringen Ausnahmen nicht in die beigefügten Anmerkungen aufgenommen habe.

W. Arndt.

Die Vögel.

Erster Akt.

1780.

Waldig und felsiges Thal auf einem hohen Berggipfel, im Grund eine Ruine.

Hoffegut (von der einen Seite oben auf dem Felsen).

O gefährlicher Stieg! o unglükseliger Weeg!

Treufreund (auf der andern Seite in der Höhe ungesehn).

Still! — Ich hör ihn wieder, houp!

Hoffegut.

Houp!

Treufreund.

Auf welche Klippe hast du dich verirrt?

Hoffegut.

Weh mir! o weh!

Treufreund.

Gedultig, mein Freund.

Hoffegut.

Ich stecke in Dornen.

Treufreund.

Nur gelaßen!

Hoffegut.

Auf dem feuchten betrügrischen Moos schwindle ich am Abhang des Felsens.

Treufreund.
Immer ruhig! Mach dich herunter! Da seh ich ein Wiesgen!
Hoffegut.
Ich fall' ich falle!
Treufreund.
Nur sachte! ich komme gleich!
Hoffegut.
Au, Au, ich liege schon hunten.
Treufreund.
Wart ich will dich aufheben.
Hoffegut.
O daß den bösen Verführer, den landstreiche=rischen Gesellen, den wagehalsigen Kletterer die Götter verderblich verdürben!
Treufreund.
Was schreist du?
Hoffegut.
Ich verwünsche dich!
Treufreund (den man oben auf dem Felsen auf allen Vieren erblickt).
Hier ist der Muscus cyperoides polytrichocarpomanidoides.
Hoffegut.
Er bringt mich um.
Treufreund.
Hier ist das Lichen ejulans, foliis acaciae sursum protuberantibus apicibus inflexo reticulosis.

Hoffegut.

Mir sind alle Gebeine zerschellert.

Treufreund.

Siehst du was die Wissenschaft für ein Noth-
anker ist! In den höchsten Lüften, auf den rauh-
sten Felsen, findet der unterrichtete Mensch Unter-
haltung.

Hoffegut.

Ich wollte du müßtest im tiefsten Meeresgrund
ein Conchilienkabinet zusammen lesen, und ich wäre
wo ich herkomme.

Treufreund.

Ist dirs nicht wohl? Es ist so eine reine Luft
da oben.

Hoffegut.

Ich spür's am Athem!

Treufreund.

Hast du dich umgesehen? Welche trefliche
Aussicht!

Hoffegut.

Die kann mir nichts helfen.

Treufreund.

Du bist wie ein Stein —

Hoffegut.

Wenn die Kälte ausschlägt! Ich schwizze über
und über.

Treufreund.

Das ist heilsam! und ich versichre dich, wir
sind am rechten Ort —

Hoffegut.
Ich wolte wir wären wieder unten —
Treufreund.
Und sind den nächsten Weeg gegangen.
Hoffegut.
Ja, grad auf, aber ein paar Stunden länger. Ich kann kein Glied rühren, von der Müh und vom Fall. Weh! o weh!
Treufreund (hebt ihn auf).
Nu, nu, du hängst ia noch zusammen.
Hoffegut.
O müſſ' es allen denen ſo ergehen, die zu Hauſe unzufrieden ſind!
Treufreund.
Nu, Nu, faß' dich, faß' dich!
Hoffegut.
Wir hatten wenigſtens zu Eßen und zu trincken —
Treufreund.
Wenn uns iemand borgte oder es was zu ſchmarutzen gab.
Hoffegut.
Warm im Winter —
Treufreund.
So lange wir im Bette lagen.
Hoffegut.
Keine Strapazen, und es waren gewiß Leute ſchlimmer dran wie wir, die wir wie unſinnig in

die Welt hinein rennen, und was Tolles auf die tollste Art aufsuchen.

Treufreund (gegen die Zuschauer).

Unsere Geschichte ist mit wenigen Worten diese:
5 Wir konnten's in der Stadt nicht mehr aushalten. Denn ob wir gleich nicht viel verlangten; so kriegten wir doch immer weniger als wir hofften; was wir thaten, wurde gut bezahlt, und wir hatten immer weniger als wir brauchten; wir schränckten
10 uns auf alle mögliche Weise ein und konnten niemals auskommen. Wir lebten gern auf unsere Weise, und konnten selten eine Gesellschafft finden die für uns paßte. Kurz, wir sehnten uns nach einem neuen Land wo's eben anders zugieng.

15 Hoffegut.

Und haben uns auf dem Weeg vortreflich verbeßert.

Treufreund.

Der Ausgang giebt den Thaten ihre Tittel.
20 Große Verdienste bleiben in den neuern Zeiten selten verborgen.. Wir haben gehört, daß auf dem Gipfel dieses überhohen Bergs ein Schuhu wohnt, der mit nichts zufrieden ist, und dem wir deswegen grose Kenntniße zuschreiben. Sie nennen ihn im
25 ganzen Land den Kritikus. Er sizt den Tag über zu Hause und denkt alles durch was die Leute gestern gethan haben, und ist immer noch einmal so gescheut als einer der vom Rathhauß kommt. Wir vermuthen daß er alle Städte, obwohl nur bey

Nacht wird gesehen haben, und daß er uns wird einen Ort anzeigen können, wo wir mit Vergnügen unser Leben zubringen mögen. Sieh doch, sieh, das schöne Gemäuer dahinten! Ist's doch als wenn die Feen es hingehext hätten.

Hoffegut.
Entzükst du dich wieder über die alten Steine?

Treufreund.
Gewiß da hinten wohnt er. He da, he! Schuhu! he! he! Herr Schuhu! ist niemand zu Hause?

Papagay (tritt auf).
Herrn, meine Herren, wie haben wir die Ehre? Wo kommen sie her? Welch eine angenehme Ueberraschung!

Treufreund.
Wir kommen den Herrn Schuhu hier oben aufzusuchen.

Hoffegut.
Und haben fast die Hälse gebrochen, um die Ehre zu haben, ihm aufzuwarten.

Papagay.
Was thut man nicht um die Bekandtschaft eines großen Mannes! Sie werden meinem Herrn willkommen seyn. Wenn er gleich kein freundlich Gesicht macht, so sieht er's doch gern wenn man ihn besucht.

Treufreund.
Sind sie sein Diener?

Papagay.
Ja, so lang als mirs denkt.
Hoffegut.
Wie ist denn ihr Name?
Papagay.
Man heißt mich den Leser.
Treufreund.
Den Leser!
Papagay.
Und vom Geschlecht bin ich ein Papagay.
Hoffegut.
Das hätt ich ihnen eher angesehen.
Treufreund.
Seyd ihr denn mit euerm Herrn zufrieden?
Papagay.
Ach ja, ja! Wir schicken uns recht für einander. Er denkt den ganzen Tag, und ich denke gar nichts; er urtheilt über alles, und das ist mir sehr recht, da brauch ichs nicht zu thun. Wenn mir so was recht in der Seele wohl thut, wenn ichs auswendig gelernt habe, ich mich den ganzen Tag mit trage, da geh ich eben des Abends hin und frag ihn, ob's auch was taugt?
Treufreund.
Ihr müßt aber hier jämmerliche Langweile haben.
Papagay.
Glaubt das nicht, wir sind von allem unterrichtet.

Hoffegut.
Was thut und treibt ihr aber den ganzen Tag?
Papagay.
Je nun, wir warten eben bis der Abend kömmt.
Treufreund.
Ihr habt aber wahrscheinlich noch besondere Liebhabereien?
Papagay.
Ich bin ein erklärter Freund von Nachtigallen, Lerchen und andern dergleichen Singvögeln. Ganze Stunden lang bey Tag und bey Nacht kann ich stehen und ihnen zuhören, und so entzükt seyn, so seelig seyn, daß ich manchmal meyne die Federn müßten mir vom Leibe fliesen. Zum Unglück ist mein Herr auch sehr auf diese Thiergen gestellt, nur von einer andern Seite; wo er eins habhaft werden kann, schnaps hat ers beym Kopf und rupft's. Kaum ein paar hat er auf mein inständiges Bitten hier oben leben laßen, und just nicht die besten.
Treufreund.
Ihr solltet ihm remonstriren —
Papagay.
Das hilft nichts wenn er hungrig ist.
Hoffegut.
Ihr solltet ihm ander Futter unterschieben.
Papagay.
Das geschieht auch so langs möglich ist, und das ist eben mein Leidwesen. Wenns nur immer

Mäuſe gäbe! Denn Mäuſe findt er ſo deliciös wie Lerchen, und die ſchönſte Lerche ſchnabelirt er wie eine Maus.

Hoffegut.

Warum dient ihr ihm denn aber?

Papagay.

Er iſt nun einmal Herr.

Hoffegut.

Ich lies ihn hier oben in ſeiner Wüſte, und ſuchte mir dort unten ſo ein ſchönes, allerliebſtes, dichtes, feuchtliches Hölzgen, das voller Nachtigallen wäre, und wo die Lerchen über dem Felde dran zu hunderten in der Luft herum ſängen; da wollt ich mirs recht wohl werden laßen!

Papagay.

Ach wenn's nur ſchon ſo wäre!

Treufreund.

Nun ſo macht, daß ihr von ihm loskommt.

Papagay.

Wie ſoll ichs anfangen?

Hoffegut.

Giebt er euch denn ſo gute Nahrung, daß ihr's wo anders nicht beßer haben könnt?

Papagay.

Behüte Gott! Ich muß mir mein bisgen ſelbſt ſuchen. Ja, wenn ich Gebeine und Gerippe freſſen könnte; das ist alles, was er von seinen Mahlzeiten übrig läßt.

Treufreund.

Das heiß ich ein Attachement! Macht doch, daß wir einen Herrn kennen lernen der so einen treuen Diener verdient.

Papagay.

Nur stille, stille, daß ihr ihn nicht aufweckt! denn wenn man ihn aus den Träumen stört, da ist er so unartig als wie ein Kind; sonst ist er ein recht gesezter Mann. Doch ich höre, daß er eben von seinem Mittagsschläfgen erwacht, sich schüttelt; da ist er am freundlichsten, ich will euch melden. — Mein theurer Herr, ich bitt euch, hier sind ein paar liebenswürdige Fremde! Der Himmel ist bedeckt, es wird euren Augen nichts schaden.

Schuhu (tritt auf).

Ueber was verlangen die Herrn mein Urtheil?

Treufreund.

Nicht sowohl Urtheil als guten Rath.

Papagay.

Das ist so eben recht seine Sache. Ich habe noch nicht gesehen, daß einer etwas gemacht hat, den er nicht hinter drein mit der Nase aufs beßre gestoßen hätte.

Schuhu.

Einen guten Rath, meine Herren?

Hoffegut.
Oder auch eine Nachricht, wie Sie's nehmen wollen.
Papagay.
Damit wird er ihnen auch dienen können, denn er ist von allem unterrichtet.
Schuhu.
Ja, ich habe Correspondenz mit allen Malkontenten in der ganzen Welt; da erhalt' ich die geheimsten Nachrichten, Papiere und Dokumente, und wenn man mit Leuten spricht, die unzufrieden sind, da erfährt man recht die Wahrheit.
Treufreund.
Da können sie ja ehster Tage einen Briefwechsel heraus geben?
Papagay.
Es wird sich schon finden.
Schuhu.
Ich habe meine rechte Freude allen Vögeln bange zu machen. Es wird keinem wohl, wenn er mich nur von weitem wittert. Sie führen ein Gekreische und Gekrächze, ein Gekrakse, und können, wie ein schimpfendes altes Weib, gar von dem Orte nicht wegkommen, wo man sie ärgert. Es ist aber auch einer oder der andere sich bewußt, daß ich ihm seine Jungen anatomirt habe, um ihm zu zeigen, wie er ihnen hätte sollen schärfere Flügel, rüstigere Schnäbel und wohlgebautere Beine anschaffen.

Treufreund.
Wir hätten uns also an niemand beßern wenden können; denn wir suchen eine Stadt, einen Staat, wo wir uns beßer befinden, als da wo wir herkommen.

Schuhu.
Wenn sie Nachricht haben wollten von einem wo's schlimmer hergeht, damit könnt ich eher dienen. Seyn sie versichert, kein Volck in der Welt weiß sich aufzuführen, und kein König zu regieren.

Hoffegut.
Und sie leben doch alle.

Schuhu.
Das ist eben das schlimmste. Aber was vertreibt sie aus ihrem Vaterlande?

Treufreund.
Die ganz unerträgliche Einrichtung. Bedencken sie, wenn wir zu Hause saßen und ein Pfeifgen Toback rauchten, oder in's Wirtshaus gingen und uns ein Gläsgen alten Wein schmecken ließen, wollt uns kein Mensch für unsere Mühe bezahlen. Was wir am liebsten thaten, war am strengsten verbothen, und wenn wir es einmal doch probirten, wurden wir für unsere gute Meinung noch dazu gestraft.

Schuhu.
Sie scheinen seltsame Begriffe zu haben.

Hoffegut.
O nein unsere meiste Freunde sind so gesinnt.

Schuhu.
Allein was für eine Stadt suchen sie eigentlich?
Treufreund.
O eine ganz unvergleichliche! so eine weiche,
wohlgepolsterte — so eine wo's einem immer wohl wäre.
Schuhu.
Es giebt verschiedene Arten von Wohlseyn.
Hoffegut.
Nun eben eine Stadt, wo mir einer auf dem Marckte begegnete, und mich anführe und sagte: Was, Herr, ist das erlaubt, ist das ein Freundschaftstück, in acht Tagen sich nicht einmal bey mir zu Gaste zu laden? meine Capaunen nicht verzehren helfen? meinen alten Wein zu verschmähen? Ich muß wahrhaftig bitten, mein Herr, daß sie ihre Aufführung ändern, sonst kann's nicht gut gehen.
Treufreund.
So eine Stadt, wo mich ein alter würdiger Greis in der Allee beym Lippen kriegte und mich zur Rede stellte und sagte: Was, ihr belohnt meine Wohlthaten so! Hab ich euch darum einen Eintritt in mein Haus erlaubt? da hab ich meine Tochter das allerliebste Mädgen! hab ich euch nur darum bey ihr allein gelassen, daß ihr ihr so begegnen sollt? Der arme Tropf kommt zu mir, weint und schluchst, und sagt: ach lieber Herzenspapa, bedenkt nur, er hat mich nicht einmal geküßt, nicht einmal geherzt, nicht einmal — ach daß das arme Kind

vor weinen nicht fortreden kann! — Pfui, fährt
der Alte in einem gesezten Tone fort, das hätt' ich
mir von euch nicht versehn! beschimpft mich nicht so
zum zweitenmal, wenn wir gute Freunde bleiben sollen,
wie ich's von eurem seeligen Vater gewesen bin.

    Hoffegut.
 Und wo wieder Vermuthen ein bescheidner,
sauber gekleideter Mann in mein Zimmer träte und
mich sehr um Vergebung bäte. Ich bin ihnen doch
nicht beschwerlich? sagt' er: „Im geringsten nicht",
sagt' ich. — Ich habe was vorzubringen, wenn sie
mir's nicht übel aufnehmen, sagt' er: „im geringsten
nicht", sagt' ich. — 'S ist eine Kleinigkeit, sagt' er:
„Oh desto beßer", sagt' ich. — Aber ich muß über-
zeugt seyn, daß sie deswegen nicht schlimmer von
mir denken werden. „Oh ganz und gar nicht". —
Daß sie nach wie vor mein Freund seyn wollen?
— „Auf alle Weise." — Nun so wag' ich's. Ich
habe hier 200. Stück Louisd'ors; sie sind warlich
vollwichtig! darf ich sie ihnen anbieten? Ich wüßte
nicht bey wem sie sichrer wären. Ohne Hypothek,
ohne Verschreibung, ohne Wechsel; aber ich bitte
sie ums Himmels willen, unter zehn zwanzig Jahren
denken sie mir an keine Rückzahlung.

    Treufreund.
 Und wenn ich nun irgend für ein Werk des
Genies 5, 6, 800 Louisd'ors geradeswegs vom un-
bekandten unaufgeforderten Publiko ins Haus ge-

schickt kriege, und ich nicht mehr ein Schuldner des
kleinen Philisters seyn will, und ich zu ihm schicke:
läßt er sich verläugnen — ich ihm begegne und er
weicht mir aus — ich ihn verklagen will daß er's
annehmen soll und muß, daß ich keinen Advokaten
kriege der sich meiner ungerechten Sache annehmen
mag — wenn ich zulezt genöthiget bin, es ad pias
causas anzubieten, so einem hübschen kleinen Mäd=
chen, die gute Gesellschaft aufnimmt, und, was mich
zulezt ganz auser mich sezt, auch die wirft mir's
vor die Füsse, schickt ein paar Meßfremde fort, und
behält mich wahrhaftig vom Freytag in der Zahl=
woche bis Sontag bey sich.

Schuhu.
Zu wem, denkt ihr, daß ihr gekommen seyd?

Treufreund.
Wie so?

Schuhu.
Wo find ich Worte, die eure Ungezogenheit
ausdrücken?

Hoffegut.
Sonst habt ihr deren doch einen guten Vorrath.

Schuhu.
Schändlich! und was schlimmer ist, abscheulich!
und was schlimmer ist, gottlos! und was schlimmer
ist, abgeschmackt!

Treufreund.
Nun geht der Periode zu Ende.

Schuhu.
Für euch ist kein Weeg, als ins Zucht= oder ins Tollhaus. (ab.)
Papagay.
Aber um Gotteswillen was macht ihr, ihr Herren? ihr scheint ia so vernünftige Leute, und mein Herr ist so ein vernünftiger Herr!
Treufreund.
Das macht, daß just vernünftige Leute sich unter einander am wenigsten vertragen können.
Papagay.
So einen ernsthaften Mann, den Vogel der Vögel!
Treufreund.
O ia! er gleicht dem Wiedehopf, denn er macht sein Nest aus Quarck.
Hoffegut.
Oder dem Guckguck, denn er legt seine Eier in fremde Nester.
Papagay.
Meine Herren, ich leide ganz erbärmlich!
Treufreund.
Wir auch an Hunger und Durst.
Papagay.
Ach meine Leiden sind viel grausamer! es sind Seelenleiden. Ist's denn nicht möglich, daß trefliche, mit so vielen Gaben ausgerüstete und ausgezeichnete Männer auf Einen Zweck würken, und vereint das Gute, das vollkommene erschaffen können?

Hoffegut.
Es wird sich schon finden. Ich dächte ihr rettetet indeß die Hausehre und gäbt uns was zum besten.
Papagay.
Die Herren scheinen sonderliche Kenner zu seyn. Erlauben sie nicht daß ich ihnen meine Nachtigallen und meine Lerchen produzire.
Hoffegut.
Schaum und Wind!
Papagay.
Nun sollt ihr sie hören, meine lieblichen, allerliebsten, unsere Stunden mit ewiger Freude umkränzende Sängerinnen.
Treufreund.
Leser, lieber Leser!
Papagay.
O du kleine, leichtbewegliche, aufspringende, schwirrende, schmetternde, hellklingende Lerche, du Gast der frisch gepflügten Erde, laß deine Stimme hören, und schaff neue Bewunderung und Freude!
Treufreund.
Der wär' vortreflich eine Ode auf eine mittelmäßige Aktrice zu machen!

(Die Lerche hinter der Scene singt, während der Zeit die Zuhörer ihre Verwunderung und der Papagay sein unendliches Entzücken äußert.)

          Papagay.
Dank dir, heissen Dank!
          Treufreund.
Hunger! heisser Hunger!
          Hoffegut.
Durst, heissen Durst! Ist nicht irgend eine
Quelle hier in der Nachbarschaft?
          ·Treufreund.
Giebts keine Heidelbeeren, Himbeeren, Meel=
beeren, Brombeeren hier oben? daß ich dem Scheide=
waßer meines Maagens nur etwas zur Nahrung
einfüllen könnte.
          Papagay.
Ihr sollt meine Nachtigall hören, die sanft
zaubernde Huldin, die Beseelerin der Nächte! —
Wecke, rufe hervor iedes schlummernde Gefühlgen!
belebe mit Wolluft iede Pflaume und mache mich
von der Kralle bis zum Schnabel ganz zur Em=
pfindung!
          Hoffegut.
Wann sie sich nur kurz faßt!
          Treufreund.
Das ist gar ihre Art nicht. Wenn so eine
Nachtigall einmal ins Schlagen kommt, da muß
man ihr den Hals umdrehen, wenn sie auf=
hören soll.
Nachtigall, hinter der Scene: Heureuse paix, tranquille in-
          diference p.)

Papagay.
Brav, brav! das ist ein Ausdruk, eine Mannich=
faltigkeit!
Treufreund.
5 Mir ist's als wär ich in der teutschen Comödie,
es will gar kein Ende nehmen.
Hoffegut.
Sie hat eine hübsche Stimme, ich möchte sie
doch bey nahem sehen.
10 Papagay.
Nun noch zu guter lezt ein Rondeau von der
allerliebsten.Lerche, sie hat so was humoristisches in
ihrem Gesang.
(Rondeau von der Lerche, während dessen Treufreund den
15 Tackt tritt, und zulezt Bewegungen macht wie einer der
tanzen will.)
Papagay.
Um Gotteswillen, wer wird den Tackt treten?
Merkt doch auf den Ausdruk!
20 Treufreund.
Der Takt ist das einzige, was ich von der
Musik höre; da fährts einem so recht in die Beine.
(Das Rondeau geht fort. Treufreund fängt an für sich zu
tanzen.)
25 Treufreund.
Ich glaube, ich werde toll für Hunger.
(Hoffegut wird auch angesteckt. Der Schuhu kommt und ruft.)
Schuhu.
Soll denn des Gelärms noch kein Ende werden?

(Treufreund kriegt den Schuhu und Hoffegut den Papagay zu fassen und nöthigen sie zu tanzen. Wie das Rondeau zu Ende ist, klatschen Treufreund und Hoffegut in die Hände und rufen bravo! bravo! Hinter der Scene entsteht ein Getümmel.)

Hoffegut.

Was hör' ich? welch ein Geschrey? welch ein Geräusche?

Treufreund.

Die Aeste werden lebendig.

Hoffegut.

Ich höre piepsen und krakfen, und sehe eine Versammlung unzähliger Vögel.

Treufreund.

Welch ein buntes abgeschmacktes Gefieder! lauter Tagvögel! sie spüren ihren nächtlichen Feind, den mächtigen Critikus.

Hoffegut.

Welch ein abenteurlicher Kamm! wie das Thier sich verwundert!

Treufreund.

Dieser hat sich noch ärger ausgepuzt und sieht doch albern aus.

Hoffegut.

Sieh' den dritten, wie er wichtig thut! Sie berathschlagen sich unter einander.

Treufreund.

Bis sie einig werden, haben wir gute Zeit.

Hoffegut.
O weh mir! Der Hauffe vermehrt sich. Sieh' diese kleine Brut, diesen gefährlichen Anflug, wie's trippelt, wie's stuzt, wie's hüpft, scheut und wieder-
kommt. Weh uns! weh! — O welche Wolke von scheuslichen Creaturen! welch ein schändlicher Todt droht uns von abscheulichen Feinden.

Treufreund.
Warum nicht gar! Ich habe Appetit Sie zu fressen.

Hoffegut.
Ein Wagehals nimmt kein gutes Ende; davon haben wir die Exempel in der Historie. Du wirst umkommen und ich werde umkommen, und ich werde nicht das mindeste Vergnügen davon gehabt haben.

Treufreund.
Hast du die Geschichte des Regulus gelesen?

Hoffegut.
Leider!

Treufreund.
Des Cicero?

Hoffegut.
Nun, ja!

Treufreund.
Kein großer Mann muß eines natürlichen Todes sterben!

Hoffegut.
Hättest du mir das eher gesagt!

Treufreund.
Es ist noch immer Zeit.
Hoffegut.
Haſt du mir darum ſolche Lehren gegeben? mir immer vorgeſagt, daß ein Menſch leben müſſe, als wenn er hundert Jahr alt werden wollte; daß er ſich ordentlich, mäßig, keuſch, und in allen Dingen ſparſam erzeigen müſſe! Haſt du mir nicht eine brave niedliche Frau verſprochen, wenn ich mich aufführte wie ſich unſere junge Leute nicht aufführen — und nun ſoll ich ſo ſchändlich untergehen! Hätt' ich das eh gewußt, ich hätte mir wollen mein bißgen junges Leben zu nuze machen.
Treufreund.
Laß dich deine Tugend nicht gereuen!
Hoffegut.
Sie ſchmieden einen Anſchlag, ſie wezzen ihre Schnäbel, ſie ſchlieſſen ſich in Reihen, ſie fallen uns an!
Treufreund.
Halte den Rücken frey, drüke den Schlaphut ins Geſicht, und wehre dich mit dem Ermel. Jedem Thier und iedem Narren haben die Götter ſeine Vertheidigungswaffen gegeben.
Erſter Vogel.
Verſäumt keinen Augenblik! Sie ſind's! unſere gefährlichſten Feinde! Es ſind Menſchen!

Zweyter Vogel.
Vogelſteller? Verſchonet keinen! Fallet ſie an mit vereinten Kräften, mit ſchneller Gewalt.
Chor der Vögel.
Pickt und krazt und krammt und hacket,
Bohrt und krallet den Verwegnen,
Den verfluchten Vogelſtellern
Ungeſäumt die Augen aus!
Schlagt und klatſcht dann mit den Flügeln
Ihre Wangen ihre Lippen,
Die uns zum Verderben pfeifen,
Ihre Mordgeſinnten Schläfe;
Daß ſie taumelnd niederſtürzen!
Und dann zerrt und reißt euch gierig,
Keiner ſie dem andern gönnend,
Um die vielgeliebten Augen;
Schlänkert die geliebten Biſſen
Sie gemächlich zu verſchlucken!
Jagt euch um die Leckerbiſſen!
Seelig wer den Fras verſchlingt!
Hoffegut.
Wer wird ſich der Menge entgegen ſezzen?
Treufreund.
Freilich nicht allein mit zehn Fingern. Die größten Generals loben die Verſchanzungen. Hier, mein Freund, iſt das Rüſt- und Zeughaus unſers alten gros-glasaugigen Kriticus. Dieſe Geräth-ſchaften und Waffen ſind uns gerade willkommen!

Hier ist ein Ballen, 2. 3. 4. 5. 6. 7. 8, lauter neue Bücher, die er nicht ausgepackt, die er nur nach dem Geruche rezensirt hat. Hier sind die grosen Lexica, die großen Krambuden der Litteratur, wo ieder einzeln sein Bedürfniß pfennigweise nach dem Alphabet abholen kann! — Nun wären wir von unten auf gesichert, denn iene verfluchten kleinen Kröten scheinen uns von gefähr= lichen Seiten angreifen zu wollen. Halt hier! halt fest!

Hoffegut.

Was soll ich weiter holen? Es geht verflucht langsam mit unserer Verschanzung im Angesicht der Feinde.

Treufreund.

Sey nur still, das ist Homerisch. Nimm zuerst diesen knotigen Prügel, womit der Kritikus alles junge Geziefer auf der Stelle breit zu schlagen pflegt! Nimm diese Peitschen, mit denen er, sich gegen den Muthwillen waffnend, die Ungezogenheit noch un= gezogner macht! Nimm diese Blasröhre, womit er ehrwürdigen Leuten, die er nicht erreichen kann, mit Lettichkugeln in die Perüken schießt — und so wehre dich gegen ieden in seiner Art! Hier, nimm das Dintenfaß und die große Feder, und beschmiere damit dem ersten, der mit buntem Gefieder herankommt, die Flügel, denn wer die Gefahr nicht scheut, fürchtet doch verunzieret zu werden. Halte dich wohl! fürchte nichts! und wenn du Schläge kriegst, so dencke, daß sie dem Tapfern und dem Feigen von den Göttern zugemessen sind.

Hoffegut.
Ich bin ein lebendiges Herz.
Chor.
Pickt und kra3t und krammt und hacket,
Bohrt und krallet den Verwegenen,
Den verfluchten Vogelstellern
Ungesäumt die Augen aus!
Papagay.
Bedenckt meine Freunde! hört das Wort der Vernunft!
Erster Vogel.
Bist du auch hier? zerreißt den Verräther zuerst!
Zweyter Vogel.
Er hat sie eingeführt, er muß mit ihnen sterben.
Dritter Vogel.
Du verfluchter Sprecher!
Treufreund.
Sie scheinen getheilt. Man muß sie nicht zu Athem kommen laßen.
Hoffegut.
Nur immer zu!
Treufreund.
Diese Nation ist in ihrer Kindheit. Ich habe von den Seefahrern gehört, daß man sie durch Honnetetät am ersten betrügen kann. Ich werde diese Stöcke wegwerfen, wirf die Peitsche aus der

Hand! Siehst du, wie sie acht geben und sich ver-
wundern?
Hoffegut.
Ich sehe wie sie ihre Schnäbel auf uns richten
und uns grimmig zu zerhacken drohen.
Treufreund.
Ich entäussere mich dieser Feder, ich sezze das
Dintenfaß bey seite, ich demolire die Festung.
Hoffegut.
Bist du rasend?
Treufreund.
Ich glaube an Menschheit.
Hoffegut.
Unter den Vögeln?
Treufreund.
Am ersten.
Hoffegut.
Nun so mache deine Sache!
Treufreund (tritt vor).
Nur einen Augenblick euren raschen, auf unser
Verderben gerichteten Entschluß, mit Ueberlegung
zurück zu halten, wird euch einen ewigen Ruhm
machen, geflügelte Völcker! die ihr, vor andern eures
Geschlechts so ausgezeichnet seyd, daß ihr nicht blos
mit Gekrakse und Geschrey in den Lüften hin und
her fahret; sondern durch die himmlische Gabe der
Rede und vernehmlicher Worte, euch zu versammeln
und gemeinschaftlich zu handeln vermöget! Grosses

Geschenk der alten Parze! Schädliches auf bekannte oder unbekannte vornehmen, kann uns der größte Vorwurf werden: dagegen es immer lobenswürdig ist, auch wenn wir etwas für gut erkennen, die Errinnerungen derer anzuhören, die, bekannter mit uns verborgenen Umständen, unserm rasch gefaßten Entschluß eine glüklichere Richtung zu geben wißen.

Erster Vogel.

Er spricht gut.

Zweyter Vogel.

Ganz allerliebst!

Dritter Vogel.

Ich wollte ihr hörtet die Sache nicht die Worte.

Hoffegut.

Es ist als wenn ein Franzos unter die Deutschen kommt.

Treufreund.

Oder ein Virtuos unter Liebhaber.

Dritter Vogel.

Laßt sie nicht reden! folgt eurem Entschluß! Wer Gründe anhört kommt in Gefahr nachzugeben.

Hoffegut (zu Treufreund).

Es wird dir nichts helfen.

Treufreund.

Gieb nur acht, wie ich pfeiffe. (zu den Vögeln.) Ihr seyd in Gefahr euch selbst einen großen Schaden zu thun, indem ihr eure nächsten Verwandte und

beſten Freunde aus Misverſtändniß zu tödten bereit ſeyd.

Erſter Vogel.

Mit keinem Menſchen ſind wir verwandt noch
Freund. Ihr ſollt umkommen, wir habens wohl
überlegt.

Treufreund.

Und irrt euch doch. Denn freilich das ganz
unwahrſcheinliche zu bedenken kann man von keinem
Rathe nicht erwarten. Wir ſcheinen euch feind-
ſeelig hier zu ſeyn, und ſind die beſte, edelſte un-
eigennüzigſte von euren Freunden, ſind keine Menſchen, ſind Vögel.

Zweyter Vogel.

Ihr — Vögel? welch eine unverſchämte Lüge!
Wo ſind eure Federn?

Treufreund.

Wir ſind in der Mauſe; wir haben ſie alle
verlohren.

Vierter Vogel.

Zu welchem Geſchlecht wagt ihr euch zu
rechnen?

Treufreund.

Die Seefahrer vom Südpol haben uns mit=
gebracht. Dieſes iſt der Otaitiſche Miſtfinke, nach
dem Linné, Monedula ryparocaudula; und ich bin
von den Freundsinſeln, der groſe Hoſenkackerling,
Epops maximus polycacaromerdicus, es giebt auch
einen kleinen, der iſt aber nicht ſo rar.

Erster Vogel (zu dem andern).
Was haltet ihr davon?
Dritter Vogel.
Es sieht völlig aus wie eine Lüge.
Vierter Vogel.
Es kann aber doch auch wahr seyn.
Treufreund.
Von Menschen unserer Freyheit beraubt, in der wir so angenehm auf den Zweigen saßen, uns wiegten, Kirschkerne aufknakten, Ananas beschnupperten, Pisangs naschten, Hanffaamen knusperten.
Erster Vogel.
Ah, das muß gut geschmekt haben!
Treufreund.
In böse Käfige gesteckt, auf dem langweiligen Schiffe! dem Umgang eines verdrüslichen Capitains und grober Matrosen! mit schlechter Kost ein trübseeliges und heimlichen Haß nährendes Leben!
Zweyter Vogel.
Sie sind zu beklagen.
Treufreund.
Angekommen in Europa, wie Scheusale angestaunt, von Standspersonen nach Belieben, von Bürgern um acht Groschen, von Kindern nur sechs Pfennige, und von Gelehrten und Künstlern gratis!
Dritter Vogel.
Sie haben mich auch einmal so dran gehabt.

Treufreund.

Sie glaubten uns zahm gemacht zu haben, weil wir, durch den Hunger gebändigt, nicht mehr wie Anfangs hakten und krallten, sondern Mandelkerne und Nüsse aus den Händen schöner Damen annahmen und uns hinter den Ohren krauen liesen.

Vierter Vogel.

Das muß doch auch wohl thun.

Treufreund.

Aber vergebens! Wir im Herzen, wie Hannibal, oder ein Rachsüchtiger auf dem englischen Theater, ungebeugt durch die Noth, ohne Dank gegen tyrannische Wohlthäter, schmiedeten einen doppelten heimlichen großen Anschlag — unserer Freyheit und ihres Verderbens. Ist es der Bescheidenheit erlaubt, Aufmerksamkeit auf ihre Thaten zu lenken: O, so laßt mich euch bemerken machen, daß sonst ieder geflügelte Gefangene schon sich seelig fühlt, wenn das Thürchen seines Kerkers sich eröfnet, der Faden, der ihn hält zerreißt, und er sich mit einem schnellen Schwung aus dem Angesicht seiner Feinde entfernen kann. Aber wir ganz anders gesinnt, verachteten oft eine leichte Gelegenheit zur Freyheit; andere Plane wechselten wir im Busen, und sassen lauschend und getrost indeß auf dem Stengelchen.

Hoffegut.

Die Federn fangen mir an zu wachsen, ich werde zum Vogel, wenn du so fortfährst.

Treufreund.
Wer lügen will, sagt man, muß sich erst selbst
überreden. (zu den Vögeln.) Was uns täglich in
die Augen fiel, war ihre Einbildung und ihre
Albernheit; ihre Untüchtigkeit etwas vorzunehmen,
ihr Müssiggang, ihre plumpe Gewaltthätigkeit, und
ihr ungeschickter Betrug. Ach! (seufzeten wir so oft
in der Stille) soll dies Volck, so unwürdig von der
Erde genährt zu werden, die ihnen durch den Dieb=
stahl des Prometheus verräterisch zugewandte Herrschaft so misbrauchen, und sie den urältesten Herren,
dem ersten Volcke, vorenthalten!

Erster Vogel.
Wer ist das erste Volck?

Treufreund.
Ihr seid's! Die Vögel sind das erste, urälteste
Geschlecht, vom Schicksal bestimmt Herren zu seyn
des Himmels —

Vögel.
Des Himmels?

Treufreund.
Und der Erde.

Vögel.
Und der Erde?

Treufreund.
Nicht anders!

Vögel.
Aber wie?

Treufreund.
Denn nicht allein die Menschen, sondern auch die Götter vorenthalten euch euer rechtmäsiges Erbtheil. Sie sizzen auf euren väterlichen Thronen; und ihr indeß, wie armselige Vertriebene, einzelne Ausschößlinge einer alten Wurzel, werdet auf eurem eignen Boden, wie in einem fremden Garten als Unkraut behandelt.

Zweyter Vogel.
Er rührt mich!

Treufreund.
Die Thränen kommen mir in die Augen, wenn ich euch ansehe. Ein Prinz, deßen Eltern von Reich und Krone vertrieben worden, der seiner Sicherheit willen in armseligen Hütten bey Fischern sein Leben zubringen muß — wird durch den Zufall einem Freund vom Hause, einem würdigen General entdeckt; dieser eilt ihn aufzusuchen und wirft sich ihm zu Füssen — Nein, ich würde nicht mit mehrerer Rührung die Knie des entstellten Erhabenen umfassen, ihm nicht mit wahrerer Inbrunst mein Leben, meine Treue, mein Vermögen anbieten, als ich mich Euch nähere und zum erstenmal seit langer Zeit einen hofnungsvollen Schmerz genieße.

Hoffegut.
Sie schweigen. Wahrhaftig sie schluchsen, sie troknen sich die Augen. Sie sind doch noch zu rühren! So ein Publikum möcht' ich küssen.

〈Erster Vogel.
Du bringst uns ein unerwartetes Licht vor die Augen.
Hoffegut.
Sie gebärden sich wie Fasanen, die man bey der Laterne schießt. Wie willst du auskommen? Du hast dich in einen schlimmen Handel gemischt.
Treufreund.
Merk auf und lern' was: (zu den Vögeln.) Es wird euch bekandt seyn, ihr werdet gelesen haben —
Vögel.
Wir haben nichts gelesen.
Treufreund
(der den Perioden in eben dem Ton wieder aufnimmt).
Ihr werdet nicht gelesen haben, es wird euch nicht bekandt seyn, daß nach dem uralten Schicksal die Vögel das ältste sind.
Vögel.
Wie beweißt ihr das?
Hoffegut.
Ich bin selbst neugierig.
Treufreund.
Ganz leicht. Es sagt der Dichter Periplectomenes, da er vom Anfang der Anfänge spricht:
„Und im Schoose der Urwelt voll ruhender innrer
Geburten
Lag das Ei des Anfangs, erwartend Leben und
Regung."

Nun wo will das Ei hergekommen seyn, wenn
es kein Vogel gelegt hat?
　　　　Dritter Vogel.
Es muß ein gros Ei gewesen seyn.
　　　　Hoffegut.
Allenfalls vom Vogel Rock oder einem Lindwurm.
　　　　Treufreund.
Das ist lange noch nicht alles; hört weiter;
Er fährt fort:
„Und auf die stokende Nacht senkt die ursprüng-
　　　　　　liche Liebe
Mit den Fittigen sich und brütet über den Wesen."
Ihr seht also deutlich, wo will die Liebe Fittige
hergenommen haben, wenn nicht von den Vögeln?
und wie von den Vögeln, wenn keine gewesen sind?
und wenn ihrer gewesen sind, sind sie nicht älter?
Ja, sogar sind Verschiedene der Meynung, daß die
Liebe selbst ein Vogel gewesen sey. Nu was sagt
ihr dazu? Die uralten Götter und Göttinnen,
die Nacht, der Erebus, die Erde, werden bey den
Dichtern alle mit Flügeln eingeführt; und werden
sie's nicht, so ist's ein Versehn. Denn wenn sie, wie
ich eben bewiesen habe, von den Vögeln herkommen
so müssen sie Flügel haben.
　　　　Hoffegut.
Deutlich und zusammenhängend.
　　　　Vögel.
O anschauliche Lehre! o ehrenvolles Denkmal!

Treufreund.
Die Zeit hat Flügel! das ist Saturnus! das zweite Geschlecht der herrschenden Götter war von eurem Stamme gesezt! Aber seine Frau hat wohl
⁵ keine gehabt, da entstunden die lezten Bastarte, Jupiter und sein· Geschwister und Kinder — ihnen waren die Flügel versagt, das Schiksal und die Vögel ihnen gram! Sie legten sich aufs Schmeicheln und nahmen Vögel zu ihren Günstlingen, um ihnen das
¹⁰ Recht auf die Herrschafft vergessen zu machen; Jupiter den Adler, Juno den Pfau, den Raben Apollo, und Venus die Taube. Seinem geliebten Sohn und Kuppelboten Merkur negotiirte Jupiter selbst zwey paar Flügel. Dem Sieg wußten sie Fittige zu ver-
¹⁵ schaffen, den Horen, dem Schlaf.

Hoffegut.
Es ist wahr ich hab sie alle so gemahlt gesehn.

Treufreund.
Und was sag ich? Amorn, den losesten aller
²⁰ Vögel, zierten ein paar regenbogenfarbne Schwingen. Er, der Herr ist der Götter und Menschen, ist unstreitig ein Vogel! Er sezt die erste uralte Gewalt eures Geschlechts fort. Und so hat die Liebe blos von den Vögeln ihre Macht. Und was noch merk-
²⁵ würdiger ist, will ich euch auch sagen.

Dritter Vogel.
Rede weiter! laß uns nicht in Ungewißheit.

Hoffegut.
Hätt' ich nur ein Netz! die wären mein!
Treufreund.
Hätte Prometheus als ein weiser vorsichtiger Vater, statt des so sehr beneideten Flämmgens, seinen Menschen Flügel gegeben: weit einen grössern Schaden hätt' er seinen Göttern gethan! Aber auch euch, meine Freunde! Drum dankt dem Schiksal und euren Anherrn, die ihm seine klugen Sinnen verdunkelten. Denn in so mannichfaltiger Kunst als die Menschen sich geübt haben, ist doch immer noch das Fliegen ein vergeblicher Wunsch, eine eitle Bemühung gewesen. Sie scheinen ihre eigne Vorzüge darüber zu vergeßen; stehn mit aufgerekten Mäulern da und beneiden euch, wenn ihr von den hohen Felsen über die undurchdringlichen Wälder dahin fahrt. Kein Waßer hält einen Verliebten auf; mit den Fischen eifern sie in die Wette: aber Euer Reich ist unzugänglich, und zu Euren Künsten ein sterblicher zu plump. Im Traume finden sie die höchste Seeligkeit wenn sie zu fliegen wähnen, und man hört die Zärtlichen an allen Eken seufzen:
„Wenn ich ein Vögle wär und auch zwey Flügel
hätt" —
aber vergebens!
Vierter Vogel.
Unsere Feinde beneiden uns?
Hoffegut.
Neider sind Feinde.

Treufreund.

Aber ihnen im tiefsten Herzen ist eurer Vorzüge Übermacht geprägt; und von Geschlecht zu Geschlechten beugen sie sich ohn' es zu wissen vor dem uralten Recht eurer Herrschaft, wenigstens im Bilde.

Zweyter Vogel.

Sag uns keine Räzel! Wir lieben die Deutlichkeit; wir lieben nicht nachzudenken noch zu rathen.

Treufreund.

Ja, übereinstimmend geben alle Völker euch göttliche und königliche Ehre. Sie bilden sich ein, erschreklich viel Imagination zu haben; und wenn sie den vortreflichsten unter sich mit etwas rechts vergleichen wollen, so können sie nicht weiter als bis zum Adler. Ihr seyd so weit herumgekommen in der Welt, ihr solltet wissen —

Vögel.

Wir wissen nichts.

Treufreund.

Habt ihr niemals von jener mächtigen Stadt gehört? — Sie unterjochte die bewohnte Welt, und es waren so vortrefliche Leute drinnen, daß nachher kein Held und kein großer Mann entstanden ist, der nicht gewünscht hätte einem ihrer Bürgermeister oder Stadtwachmeister ähnlich zu sehen — Rom, sag ich, das freye Rom, das keinen König über sich

leiden konnte, sezte den Adler auf die Stange, und
den Senat mit dem Volk in einem demüthigen Mono-
gramm zu seinen Füssen! So liessen sie ihn dem
Heer vortragen, und folgten mit Ehrfurcht und
Muth, als seine Söhne, als seine Knechte. So ehren-
voll behandelt man euch: indeß ihr, gleich jungen
Prinzen, gar nicht zu begreifen scheint was für Vorzüge die Götter euch angebohren haben. Erlaubt,
daß ich euch mit der Nase drauf stoße!

    Vögel.

Wie es dir beliebt.

    Treufreund.

Es ist schon lange daß von der Macht Roms
und seiner Herrlichkeit kaum einige Baksteine mehr
übrig sind. Aber andre Völkerschaften haben sich
zu der Ehrfurcht bekannt, die euch niemals entgehen
kann. Im Norden ist iezt das Bild des Adlers
in der tiefsten Verehrung; überall seht ihrs aufgestellt, und, wie vor einem Heiligen, neigen sich alle
Völker, wenn er auch von dem schlechtesten Sudler
gemahlt oder geschnizt ist. Schwarz, die Krone auf
dem Haupt, sperrt er seinen Schnabel auseinander,
streckt eine rothe Zunge heraus und zeigt ein paar
immer bereitwillige Krallen. So bewahrt er die
Landstraßen, ist das Entsezen aller Schleichhändler,
Tobackskrämer und Deserteurs. Es wird niemanden
recht wohl, der ihn ansieht — Und was soll
ich von dem zweiköpfigen sagen —

Erster Vogel.
Wir wollten, ihr thätet dem Adler weniger Ehre an; wir können ihn selbst nicht wohl leiden.
Treufreund.
Diese Ehre ist euch Allen gemein. Denn wenn Fürsten und Könige sich und die ihrigen vor andern geringen Menschen recht auszeichnen wollen: wählen sie irgend einen Vogel und tragen ihn mit Gold und Silber gestickt auf der Brust. Ja sie schlagen euch an verguldete und diamantne Kreuze, (die größte Ehre die iemand wiederfahren kann!) und tragen euch in Knopflöchern schwebend am Busen.
Zweyter Vogel.
Was hilft uns diese zeitliche Ehre, diese leere Achtung, wodurch sie sich mehr unter einander selbst als unsere Vorzüge preißen? Götter und Menschen besizzen unser Reich, und wir irren als Fremdlinge zwischen Himmel und Erde.
Treufreund.
Mit nichten, meine Kinder! Die Gewalt habt ihr ihnen gelaßen; euer Vaterland, euer Reich sind sie untüchtig einzunehmen. Noch ist es frey wie vom Anfang her.
Vögel.
Zeig es uns.
Hoffegut.
Ich gehe mit.
Vögel.
Führ uns hin.

Dritter Vogel.
Giebt's Witken, giebt's Mandelkerne drinn?
Vierter Vogel.
Es wird doch an Würmchen nicht fehlen?
Alle.
Führ' uns hin!
Daß wir da trippeln,
Daß wir uns freuen,
Naschen und flattern.
Rühmliche Wonne!
Mandeln zu knuspern!
Erbsen zu schluken!
Würmchen zu lesen!
Preisliches Glük!
Führ' uns hin!
Treufreund.
Ihr seid drinne.
Vögel.
Du stellst uns auf den Kopf.
Treufreund.
Tretet näher! hierher! Nun seht euch um! hier in die Höhe! Was seht ihr da oben?
Erster Vogel.
Die Wolken und den uralten ausgespannten Himmel.
Dritter Vogel.
Er steht wohl schon eine Weile.

Hoffegut.
Ich denck's! Es ist mir auch noch gar nicht bange für ihn.
Treufreund.
Dadroben wohnen, wie iedermann bekandt ist, seit vielen Jahrtausenden die Götter. Nun seht hinunter, was seht ihr da?
Vierter Vogel.
Berge und Flüsse, Wälder und Seen, Wohnungen der verderblichen Menschen.
Treufreund.
Nun merkt auf! und schaut auf! Und zwischen diesen beyden, was seht ihr?
Zweyter Vogel.
Zwischen Himmel und Erde?
Treufreund.
Ja, dazwischen.
Vögel.
Nun, nun, da sehen wir — nichts.
Treufreund.
Nichts? O ihr seyd ia fast so blind wie die Menschen! Seht ihr nicht den ungeheuren Raum, ausgebreiteter als das Oben und Unten, das unermeßliche Land das an alles gränzt, diesen luftig-wässrigen See der alles umgiebt, diesen aetherischen Wohnplaz, dieses mittelweltische Reich?
Vögel.
Was meinst du damit?

Treufreund.

Die Luft meyn ich. Wer bewohnt sie als ihr?
wer beschifft sie, wer begiebt sich darin von einem
Orte zum andern? wem gehört sie zu als euch?

Vögel.

Daran haben wir gar nicht gedacht.

Treufreund.

Und fliegt drinn herum!

Erster Vogel.

Aber wie sollen wirs anfangen?

Treufreund.

Hier ist mit vereinten Kräften das große Werk
zu beginnen; eine Stadt zu gründen; mit einer
festen Mauer den ganzen Aether zu umgeben; eine
regulirte Miliz einzurichten; die Gränzen wohl zu
besezzen; eine Accise anzulegen, und so den Göttern
und Menschen die Nahrung zu erschweeren!

Hoffegut.

Da giebts Aemter zu vergeben! Ich werde
alle meine Freunde und Verwandte anbringen.

Zweyter Vogel.

Aber Jupiter wird donnern.

Treufreund.

Wir lassen ihm keine Blizze aus dem Aetna
ohne schweren Impost verabfolgen, und legen selbst
uns einen Donnerthurm an. Die Adler sind ia
ohnehin gewohnt damit umzugehn. Wir lassen

keine Opfergerüche hinauf, ohne daß sie Transito
bezahlen.
Dritter Vogel.
Werden sie so zusehen?
Treufreund.
Ihr wißt nicht wie's droben aussieht. Sicher
in ihren alten, lang unangetasteten Rechten, sizzen
sie schläfrig auf ihren Stühlen, sind aller Mühe,
sind alles Widerstands entwohnt, sind leicht zu über-
raschen und zu überwinden.
Vierter Vogel.
Aber die Menschen, das Pulver und Bley,
und die Nezze?
Treufreund.
Die sind übel dran. Sie haben unter sich so
viel zu kriegen, zu scharmuziren und zu schikaniren!
keiner denkt weiter als heute, und wenn einer
ihrer Nachbarn gut haushält oder sich rüstet, haben
sie nicht leicht ein Arges dran. Widersezen sie sich,
so sind wir ihnen überlegen; ergeben sie sich, so
sollen sie's wohl haben; beßer als iezt! Wir wollens
machen wie alle Eroberer; die Leute todt schlagen,
um's mit ihrer Nachkommenschaft gut zu meinen.
Vierter Vogel.
Werden sie's geschehen laßen?
Treufreund.
Wir haben sie in den Händen. Wir handeln
den Göttern den Regen ab, legen große Cisternen

an, und vereinzeln ihn an die Irrdischen, wenn's
Dürrung giebt, so viel ieder für seinen Acker und
Garten braucht. Sie sollen alle zufriedner seyn als
iezt. Ich geb' euch nur eine Skize von meinem
großen Plan; denn das Detail ist unübersehbar.
Kurz ihr werdet Herren! Die Götter traktiren wir
als alte Verwandte, die aber zurükgekommen sind;
die Menschen als überwundene Provinzen; die
Thiere, besonders die Insekten, die in unserm Reich
doch leben müssen, als Käiserliche Kammerknechte,
ohngefehr wie die Juden im römischen Reich.

Vögel.

Nur gleich! nur gleich! wir können's nicht
erwarten.

Treufreund.

Gleich! Gleich! das geht so geschwind nicht.
Ueberlegts wohl. Wählt ein Duzend oder wie viel
ihr wollt aus euren Mitteln, die das große Werk
mit gesamten Kräften unternehmen.

Vögel.

Mit nichten! Du hast's erfunden, führ' es aus!
Sey du unser Rathgeber, unser Leiter, unser Heer-
führer!

Treufreund.

Ihr beschämt mich.

Hoffegut.

Du bedenckst nicht.

Treufreund.

Sey ruhig, unser Glück ist gemacht.

                    Vögel.
Du nimmst's an?
            Treufreund (neigt sich.)
                    Vögel.
5 Halte Wort!
Wir geben dir die Herrschaft,
Verleihen dir das Reich!
Mach uns den stolzen Göttern
Den stolzern Menschen gleich!

Epilog.

Der erste, der den Inhalt dieses Stücks nach seiner Weise auf's Theater brachte, war Aristophanes, der Ungezogene. Wenn unser Dichter, dem nichts angelegner ist, als euch ein Stündchen Lust und etwa auch Beherzigung nach seiner Weise zu verschaffen, in ein- und anderem gesündiget; so bittet er durch meinen Mund euch allerseits um Verzeihung. Denn, wie ihr billig seyd, so werdet ihr erwägen, daß von Athen nach Ettersburg mit einem Salto mortale nur zu gelangen war. Auch ist er sich bewußt, mit so viel Gutmüthigkeit und Ehrbarkeit des alten declarirten Bösewichts verrufne Späße hier eingeführt zu haben, daß er eures Beifalls sich schmeicheln darf. Auch bitten wir euch, zu bedenken, denn etwas Denken ist dem Menschen immer nütze, daß mit dem Scherz es wie mit Wunden ist, die niemals nach so ganz gemeßnem Maß und reinlich abgezogenem Gewicht gegeben werden. Wir haben, nur gar kurz gefaßt, den Eingang des ganzen Werks zur Probe hier demüthig vorgestellt; sind aber auch erbötig, wenn es gefallen hat, den weiteren weitläufigen Erfolg von dieser wunderbaren doch wahrhaften Geschichte nach unsrer besten Möge vorzutragen.

Lesarten.

A = Gothaer Handschrift.
G = Göschen's Ausgabe. Leipzig 1787. IV. S. 221—284. (Es giebt auch hiervon eine Titelauflage mit der Jahreszahl 1790.)
g = Göschen's geringere Ausgabe. Leipzig, 1787. II. S. 439—484.
C = Erste Cotta'sche Ausgabe. Tübingen 1808. IX. S. 215—256.
S = Zweite Cotta'sche Ausgabe. Stuttgart und Tübingen. 1817. X. S. 79—120.
W = Wiener Ausgabe 1817. X. S. 91—136.
T = Vollständige Ausgabe letzter Hand. Taschenausgabe. Stuttgart und Tübingen. 1828. XIV. S. 77—117.
O = Vollständige Ausgabe letzter Hand. Octavausgabe. Stuttgart und Tübingen. 1829. XIV. S. 77—118.
Q = Goethe's poetische und prosaische Werke in zwei Bänden. Stuttgart und Tübingen 1836. Erster Band, zweite Abtheilung, S. 456—463.
V = Die „Vollständige, neugeordnete Ausgabe" in vierzig Bänden. Stuttgart und Tübingen. 1840. VII. S. 337—370.

Ist bei den im Folgenden mitgetheilten Lesarten keine Sigle hinzugesetzt, so bedeutet dies Uebereinstimmung (abgesehen von Verschiedenheiten der Orthographie und Interpunction) aller Ausgaben.

S. 1. Der Titel lautet in allen Ausgaben:
Die Vögel.
Nach dem Aristophanes.

Allen Ausgaben ist ferner ein Personenverzeichniß hinzugefügt, das mit Ausnahme von Q, wo es gleich auf den Titel folgt, auf der Rückseite des Titelblattes steht. Es lautet:

    Personen:
    Treufreund, als Scapin.
    Hoffegut, als Pierrot.
    Schuhu.
    Papagey.
    Chor der Vögel.

  Seite 3. 1. Waldiges felsiges Thal. 2. Grunde. 7. umgesehen A. 9. Hoffegut antwortend. 22. schwindl'

  Seite 4. 3. Wieschen. 9. unten. 12. Hoffegut auf der Erde liegend. 27. 28. Hier ist der Lichen canescens pigerrimus, welch eine traurige Figur!

  Seite 5. 2. zerschellt. 9. Meergrund' G, Meergrund' g. C. S. W. T. O, Meergrund Q, Meeresgrund V. 27. Treufreund herunter kommend. 28. versichere g. C. S. W. T. O. Q. V.

  Seite 6. Nu, Nu, fehlt. 27. dran als wir C. S. W. T. O. Q. V.

  Seite 7. 14. Lande zuginge 16. Weg' G, Wege g. C. S. W. T. O. Q. V. 21. verborgen, es gibt Journale, wo man jede edle Handlung gleich verewigt. Wir haben 22. Berges g. C. S. W. T. O. Q. V. 25. Lande 27. ein Mahl W.

  Seite 8. 1. Nacht, wie der hinkende Teufel, wird uns einen Ort wird anzeigen W. 11. Papagey tritt auf und spricht schnarrend. 12. Herren. 23. Mannes zu gewinnen! Sie

  Seite 9. 22. frage 23. Langeweile G. g. C. S. T. O. V.. lange Weile W. Q.

  S. 10. 4. kommt 6. besondre g. C. S. W. T. O. Q. V. 11. und Nacht 17. Kopfe.

Seite 11. 1. delicieux 11. fruchtliches A., von Goethe selbst gebessert. 14. wollte.

Seite 12. 1. seinem S. (Druckfehler). 4. heiße 10. unartig wie C. S. W. T. O. Q. V. 14. bitte 16. euern 22. ist eben.

Seite 13. 9. erhalte 11. mit den Leuten S. T. O. Q.V. 13 — 19. Anstatt dieser Zeilen haben die Ausgaben nach: Wahrheit, Folgendes:
Treufreund: Ganz natürlich!
Hoffegut: Ohne Zweifel.
Papagey: O gewiß.
Schuhu: Ich habe u. s. w.
22. Gekrächze und Gekrakse.

Seite 14. 2. 3. Wir haben uns also an die rechte Schmiede gewendet; denn 4. befänden hergekommen A, von Goethe gebessert. 19. Tabak 20. wollte 23. es ja einmal 28. meisten C. S. W. T. O. Q. V.

Seite 15. 9 — S. 17, 28. Statt der folgenden Scene findet sich in den Ausgaben Folgendes:

Treufreund.
Eine Stadt, wo es einem nicht fehlen könnte, alle Tage an eine wohlbesetzte Tafel geladen zu werden.
Schuhu.
5   Hm!
Hoffegut.
So eine Stadt, wo vornehme Leute die Vortheile ihres Standes mit uns geringern zu theilen bereit wären.
Schuhu.
10   He!
Treufreund.
Eben eine Stadt, wo die Regenten fühlten, wie es dem Volk, wie es einem armen Teufel zu Muthe ist.
Schuhu.
15   Gut!

                    Hoffegut.
Ja, eine Stadt, wo reiche Leute Zinsen gäben, damit
man ihnen nur das Geld abnähme und verwahrte.
                    Schuhu.
So!
                    Treufreund.
Eine Stadt, wo Enthusiasmus lebte, wo ein Mann,
der eine edle That gethan, der ein gutes Buch geschrieben
hätte, gleich auf Zeitlebens in allem frey gehalten würde.
                    Schuhu.
Sind Sie ein Schriftsteller?
                    Treufreund.
Ey wohl!
                    Schuhu.
Sie auch?
                    Hoffegut.
Freylich! wie alle meine Landsleute.
                    Schuhu.
Da gehören Sie vor meinen Stuhl.
                    Hoffegut.
Wenn Sie was dazu beytragen können, so sorgen Sie,
daß wir besser bezahlt werden.
                    Schuhu.
Das bekümmert mich nicht.
                    Treufreund.
Daß wir nicht nachgedruckt werden.
                    Schuhu.
Das geht mich nichts an.
                    Hoffegut.
Eine Stadt, wo Vater und Mutter nicht gleich so gräß-
liche Gesichter schnitten, wenn man sich ihren liebenswürdigen
Töchtern nähert.
                    Schuhu.
Wie?

                    Treufreund.
So eine Stadt, wo Ehemänner einen Begriff von dem
bedrängten Zustande eines unverheiratheten wohlgesinnten
Jünglings hätten.
⁵   Schuhu.
        Was?
                    Hoffegut.
Eine Stadt, wo ein glücklicher Autor weder Schuster
noch Schneider, weder Fleischer noch Wirth zu bezahlen
¹⁰ brauchte, da wo mir selbst ein niedliches Schätzchen ihre
Annehmlichkeiten gratis aufdränge, weil ich einmal gewußt
habe, ihr Herz zu rühren.
                    Schuhu.
Zu wem, denkt ihr, daß ihr gekommen seyd?
¹⁵   Treufreund.
        Wie so?
                    Schuhu.
Wo finde ich Worte, die eure Ungezogenheit ausdrücken?
                    Hoffegut.
²⁰ Sonst habt ihr deren doch einen guten Vorrath.
                    Schuhu.
Schändlich! und was schlimmer ist, abscheulich! und was
schlimmer ist, gottlos! und was schlimmer ist, abgeschmackt!
                    Treufreund.
²⁵ Er hat die Leiter erstiegen.

24. Weibgen A, Goethe strich dies Wort aus und schrieb
eigenhändig: Mädgen darüber.
Seite 18. 17. Kukuk Q. V. 22. auch — an 27. einen A,
von Goethe gebessert.
Seite 19. 13. 14. umkränzenden C. S. W. T. O. Q. V.
21. schaffe 23. wäre 25—27. Zeit der Papagey sein
unendliches Entzücken und die Zuhörer ihre Verwunderung
äußern.

Seite 20. 4. heißen 9. Heidelbeere G. g. Himbeere G. g. Mehlbeere G. g. Mehlbeeren C. S. W. T. O. Q. V. 10. Brombeere G. g. 17. jeden Flaum 21. Wenn 27. 28. Nachtigall hinter der Scene, eine lange zärtliche Arie nach Belieben.

Seite 21. 5. Deutschen G. g. C., deutschen S. W. T. O. Q. V. 9 doch in der Nähe sehen. 19 Ausdruck A, durch Radieren geändert. 26 toll vor Hunger g. C. S. W. T. O. Q. V.

Seite 22. 8. Geräusch 13. Nach Vögel folgt in den Ausgaben: Die Vögel kommen nach und nach herein. 19 abentenerlicher 22. 23. sieht noch alberner aus

Seite 23. 9. Appetit sie G. g. C. S. Appetit sie W. T. O. Q. V. 13. wir ein Exempel S. T. O.

Seite 24. 6. Jahre O. 10. jungen C. S. W. T. O. Q. V. nicht, ist in den Ausgaben ungesperrt. 12. eh' G. g., eher C. S. W. T. O. Q. V.

Seite 25. 2. verschont A, von Goethe gebessert. 5—20. In den Ausgaben ist der Chorgesang der Vögel in Strophen zu 4, 5 und 7 Reihen getheilt. 25. Generale 27. großglasäugigen

Seite 26. 1. Ballen, noch einer, und noch einer. Hierauf folgt in den Ausgaben die scenische Bemerkung: Die Ballen und Bücher werden nach und nach von beyden Freunden herausgeschafft und eine Art von Festung aufgebauet. (aufgebaut S. T. O. Q. V.) An den Ballen kann außen angeschrieben stehen, aus welchem Fache die Bücher sind. 2. die er rezensirt hat, ohne sie gelesen zu haben! Hier sind A; von Goethe eigenhändig gebessert. Die Ausgaben lesen: die er nach dem Geruche recensirt hat! Hier sind 14. nach: Homerisch folgt in den Ausgaben die scenische Bemerkung: Die nachbenannten Geräthschaften müssen colossalisch und in die Augen fallend seyn, besonders die Feder und das Dintenfaß. 18. 19. ungezogener W. T. O. Q. V. 21. Lettenkugeln Perrücke W. 26. verunziert

Seite 27. 5. verwegnen 17. Nach: Sprecher folgt in den Ausgaben die scenische Bemerkung: Sie hacken auf den Papagey und treiben ihn fort. 25. man dergleichen Völker durch -

Seite 28. 7. entäußerte W. 16. Nach: Am ersten schieben die Ausgaben ein:

Hoffegut: Was wird das werden!
Treufreund: Weißt du nicht, daß die Gegenwart eines großen Mannes ihm alle seine Feinde versöhnt?
Hoffegut: Wenn sie Narren sind.
Treufreund: Das ist eben, was wir versuchen wollen.
18. mach G. g. C. W., Nun aber mach S. T. O. V., Nun aber mach' Q. 20. euern 22. 23. euch zum ewigen Ruhm gereichen, geflügelte 23. Volker A. euers 28. vermögt g. C. S. W. T. O. Q. V.

Seite 29. 1. Parze! Etwas zum Schaden Bekannter oder Unbekannter vornehmen 7. eine bessere Richtung G. g. C. W. T. O. Q. V., eine besser Richtung S. 20. euern G. g. C. W. 27. Verwandten S. T. O. Q. V.

Seite 30. 9. unwahrscheinliche vorauszusehn und zu bedenken 10. Rathe erwarten 11. besten, edelsten, uneigennützigsten 12 euern 16. Wo habt ihr eure 24. Südpole G. g., die Seefahrer haben uns vom Südpole mitgebracht. C. S. W. T. O. Q. V. 25. Otahitische Linne' G. g. C, Linné S. W. T. O. Q. V. 26. ryparocandula

Seite 31. 13. Ach 16. dem Umgange G. g. Schiffe! Umgang C. S. W. T. O. Q. V. 17. Matrosen! schlechte Kost, ein C. S. W. T. O. Q. V. 23. Standespersonen W. Q. 24. um vier Groschen, von Kindern um sechs

Seite 32. 17. bemerklich C. S. W. T. O. Q. V. 21. Angesichte G. g. C. W., Gesichte S. T. O. Q. V.

Seite 33. 17. Schicksale

Seite 34. 4. euern 6. euerm 15. Sicherheit wegen
in 17. Freunde Generale W. 19. mit mehr C. S.
W. T. O. Q. V. 20. Kniee Q. V. 21. ihm wurde an
dieser Stelle von Goethe in A eigenhändig hinzugefügt, dabei aber nicht das nach Jnbrunst stehende: ihm ausgestrichen.
nicht mit mehr wahrer Jnbrunst C. S. W. T. O. Q. V.

Seite 35. 9. lerne W. Vogeln A. 14. Tone g. C.
S. W. T. O. Q. V. 15. weder C. (Druckfehler.) 17. Älteste 25. Und in der Urwelt Schoos, voll O.

Seite 36. 9. (er fährt fort) S., wo jedoch das Eingeklammerte nicht, wie es sonst bei den scenischen Bemerkungen in diesem Druck geschieht, mit kleinerer Schrift gedruckt
ist; in T. O. Q. V. dagegen sind die betreffenden Worte klein
als Scenarium gedruckt. 10. senkt warm die C. S. W. T.
O. Q. V. 12. Mit Fittigen g., Sich mit den Fittigen her
und C. S. W. T. O. Q. V. 16. sind sie nicht älter als die
Liebe?

Seite 37. 4. euerm gesetzt; seine Frau aber hat
G., gesetzt; seine Frau aber hatte g. C. S. W. T. O. Q. V.
5. entstanden 6. seine 12. Seinen G. 14. Siege 17. gesehen O. 20. regenbogenfarbene 23. Geschlechtes Q.

Seite 38. 2. Das heiß' ich einen Kindersinn! Hätt'
8. euern 9. Sinne 13. eigene G. g., eigenen C. S. W.
T. O. Q. V. 19. Euern

Seite 39. 2. ihnen steht in den Ausgaben erst nach:
Ubermacht 3. Ubermacht A, von Goethe gebessert. 3. 4. Geschlechtern W. 11. 12. ein, sehr viel 13. unter ihnen
mit S. W. T. O. Q. V. Rechtem T. O. Q. V. 22. darin
25. Stadtwachtmeister

Seite 40. 9. darauf C. S. W. T. O. Q. V. 15. andere
17. Jm g. C. S. W. T. O. Q. V. 18. in der größten Verehrung 21. geschnitzt worden ist O. 26. Tabaksrämer
G. g. C. S. W. O. Q. V, Tabacsrämer T. Deserteure

Seite 41. 10. vergoldete   diamantene g. C. S. W. T. O. Q. V.

Seite 42. 17. drin

Seite 43. 8—13. Die Worte: Vierter Vogel. Berge — was seht ihr? fehlen in allen Ausgaben. 19. nicht A, von Goethe gebessert.

Seite 44. 3. darin ist in A von Goethe ergänzt. 8. flieg A, von Goethe gebessert.

Seite 45. 18. ihrer fehlt in A.   aushält S. T. O. Q. V. 23. um es mit 27. in Händen C. S. W. T. O. Q. V.

Seite 46. 11. ungefähr   romischen A, von Goethe gebessert. 18. euern G. g. C. S. W. T. O., euerm Q., eurer V. Mittel Q., Mitte V. 29. Nach: unser Glück ist gemacht, schieben die Ausgaben ein:

Vögel (auf Hoffegut zeigend): Und dieser? Was soll der? Darf er hier bleiben? Zu was ist er nütze?

Treufreund: Er ist uns unentbehrlich.

Vögel: Was kannst du? Worin übertriffst du das Volk?

Hoffegut: Ich kann pfeifen!

Vögel: Schön! o schön! o ein köstlicher, ein nothwendiger Bürger. Wir sind ein glückliches Volk von diesem Tag (Tage C. S. W. T. O. Q. V.) an! (Zu Treufreund:) Du sollst uns regieren, er soll uns pfeifen. Was geht uns noch ab?

Seite 48. Statt des ursprünglichen, in Prosa abgefaßten Epilogs haben die Ausgaben folgenden:

Epilog.

Der erste, der den Inhalt dieses Stücks
Nach seiner Weise auf's Theater brachte,
War Aristophanes, der ungezogne
Liebling der Grazien.
Wenn unser Dichter, dem nichts angelegner ist,
Als euch ein Stündchen Lust
Und einen Augenblick Beherzigung
Nach seiner Weise zu verschaffen,
In ein und anderem gesündigt hat;
So bittet er durch meinen Mund
Euch allseits um Verzeihung.
Denn, wie ihr billig seyd, so werdet ihr erwägen,
Daß von Athen nach Ettersburg
Mit einem Salto mortale
Nur zu gelangen war.
Auch ist er sich bewußt,
Mit so viel Gutmüthigkeit und Ehrbarkeit
Des alten declarirten Bösewichts
Verrufene Späße
Hier eingeführt zu haben,
Daß er sich euers Beyfalls schmeicheln darf.
Dann bitten wir euch, zu bedenken,
Und etwas Denken ist dem Menschen immer nütze,
Daß mit dem Scherz es wie mit Wunden ist,
Die niemals nach so ganz gemeßnem Maß
Und reinlich abgezogenem Gewicht geschlagen werden.
Wir haben nur gar kurz gefaßt
Des ganzen Werkes Eingang.

Zur Probe hier demüthig vorgestellt,
Sind aber auch erböthig,
Wenn es gefallen hat,
Den weiteren weitläufigen Erfolg
5 Von dieser wunderbaren doch wahrhaftigen Geschichte
Nach unsern besten Kräften vorzutragen.

З. 26 der vor. Seite. sogar gemeßnem W.